中华文化小史

唐代长安与西域文明

向达 著

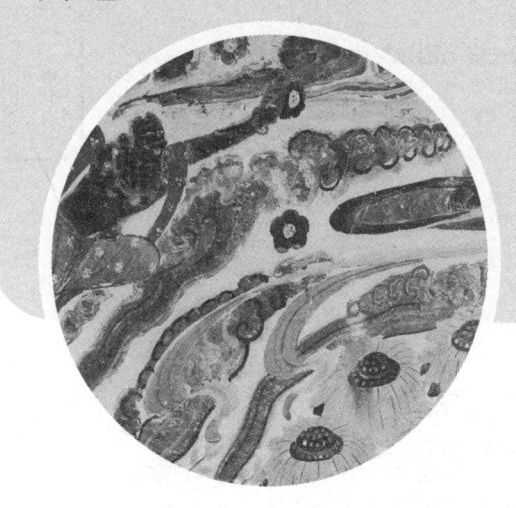

济南出版社

图书在版编目（CIP）数据

唐代长安与西域文明 / 向达著 . -- 济南：济南出版社，2025.3. -- ISBN 978-7-5488-6847-7

Ⅰ . K242.03-53

中国国家版本馆 CIP 数据核字第 2025F5E891 号

唐代长安与西域文明
TANGDAI CHANGAN YU XIYU WENMING

向达　著

出 版 人　谢金岭
责任编辑　范玉峰　李　敏　张冰心　孙梦岩
装帧设计　胡大伟

出版发行　济南出版社
地　　址　济南市市中区二环南路 1 号（250002）
总 编 室　0531-86131715
印　　刷　济南乾丰云印刷科技有限公司
版　　次　2025 年 3 月第 1 版
印　　次　2025 年 3 月第 1 次印刷
开　　本　145mm×210mm　32 开
印　　张　6.25
字　　数　128 千字
书　　号　ISBN 978-7-5488-6847-7
定　　价　36.80 元

如有印装质量问题　请与出版社出版部联系调换
电话：0531-86131736

版权所有　盗版必究

目 录

唐代长安与西域文明 / 1
  一　叙言 / 1
  二　流寓长安之西域人 / 3
  三　西市胡店与胡姬 / 34
  四　开元前后长安之胡化 / 41
  五　西域传来之画派与乐舞 / 56
  六　长安打毬小考 / 80
  七　西亚新宗教之传入长安 / 89
  八　长安西域人之华化 / 96
  附录一　柘枝舞小考 / 100
  附录二　鳌屋大秦寺略记 / 109

西征小记
  ——瓜沙谈往之一 / 125

唐代刊书考 / 162

  一 引言 / 162

  二 论隋以前及隋代即有刊本之不可信 / 162

  三 唐代刊书之先导 / 165

  四 中国刊书史上之咸通时代 / 169

  五 述现存之咸通本《金刚经》/ 176

  六 论现存其他各唐本书 / 180

记伦敦所藏的敦煌俗文学 / 183

唐代长安与西域文明

一 叙言

唐代与西域交往甚繁，文物方面所受影响亦所在可见。冯承钧先生曾为《唐代华化蕃胡考》[1]，日本桑原骘藏博士亦有《隋唐时代来住中国之西域人》一文[2]，考证俱甚精确，可为隋唐史研究上辟一新叶。唯冯先生文仅以蕃胡华化为限，材料亦止于两《唐书》；桑原氏之作，范围较广，以人为主，而略及于各方面之文物。然俱语焉不详，欲明唐代与西域文明关系者仍尚有待焉。

李唐一代之历史，上汲汉、魏、六朝之余波，下启两宋文明之新运。而其取精用宏，于继袭旧文物而外，并时采撷外来之菁英。两宋学术思想之所以能别焕新彩，不能不溯其源于此也。今试即戏曲绘画诸方面言之。

---

[1] 见《东方杂志》第二十七卷第十七号。
[2] 见内藤博士还历纪念《支那学论丛》，兹篇所用者为博士手校增补拔刷本。

元曲出于诸宫调,诸宫调导源于大曲。然大曲唐已有之,《教坊记》备记其目,率为舞曲,隶属胡部。唐代大曲,中国久已失传,而日本曾传唐乐,尚有可考:大曲有《破阵乐》《团乱旋》《春莺啭》《苏合香》;中曲有《北庭乐》《回波乐》《兰陵王》《凉州》《皇麞》《夜半乐》《打毬乐》《还京乐》《感皇恩》《苏幕遮》;小曲有《甘州》《拔头》之属;其帖数拍数备具[①]。由此以求唐乐,固可以窥知梗概,更由此以下溯宋代大曲,不难得其仿佛。此一事也。又如般涉一调,元曲中屡屡见之,此显然即龟兹苏祇婆西域传来七调之一。陈澧于、凌廷堪由西域以溯源古乐,固诋为犹航断港绝潢以至于海,然于宋元以来俗乐与苏祇婆七调之关系,固亦不能否认。诚能求唐代大曲中曲小曲之音节于西域,而得其解,则宋元戏曲演变之痕迹为之大白。其贡献于中国乐舞戏曲史者岂非甚大!此又一事也。

又如中国绘画,唐以前以线条为主。至唐吴道玄始以凹凸法渗入人物画中,山水树石亦别开生面。逮王维创水墨山水注重晕染,遂开后来南宗风气。宋代米芾亦以泼墨法为世所重。摩诘笃信象教,元章或亦疑为异族。诚能以西域古代之画风与唐宋以来中国画家之作比观互较,究其消息,则宋元以后中国画之递变,不难知其故矣。

此外如胡服之日盛,波罗毬自唐以及于宋、元、明由极盛而趋于衰微以至灭绝,并可从以窥知中外关系之繁密,以及一代风尚之变易。此种史实俱可于李唐一代窥其端倪。

余愧不足以言此,兹唯刺取唐代传入中国之西域文明与长

[①] 源光圀修《大日本史·礼乐志》十四至十六(雄辩会景印本第十三册)于传入日本之唐乐,综合各家所说,甚为详备,可以参看。

安有关者，稍加排比，述之如次。唯为此事，亦必须对于中国与西域文明有深切之研究，然后可以互相比较，得其实际。顾在此间，西域史料不易寻求：如言胡服，无从知唐代西域波斯诸国之服装；言乐舞，虽知胡腾、胡旋、柘枝、苏幕遮之属来自中亚，而无由知西域古代乐舞之梗概。兹篇唯能将中籍史料，就耳目所能接及者，为之抉择爬梳，藉供留心此一方面史实者之捃摭。偶有推测，亦等于扣槃扪烛，是则尚祈博雅之士有以晋而教之耳。

至于本篇所指西域，凡玉门、阳关以西以迄于伊兰高原地方俱属之。印度与中国交往频繁，关系过密，非区区此篇所能尽，用存而不论。又本篇以长安为限，有关洛阳之新材料亦偶尔述及。其所以如此，非敢故乱其例，以为或可以稍省览者翻检之劳云尔，大雅君子或不以为非欤！

二　流寓长安之西域人

中国国威及于西陲，以汉唐两代为最盛；唐代中亚诸国即以"唐家子"称中国人[①]，李唐声威之煊赫，于是可见也。贞观以来，边裔诸国率以子弟入质于唐，诸国人流寓长安者亦不

---

① 中古时伊斯兰教徒称中国人为 Tamghai, Tomghaj, Toughaj, 又有作 Taugas, Tubgað 及 Tapkað 者。前人释此或以为即"桃花石"之音译，或以为即拓跋氏。德国夏德（F. Hirth）以为系"唐家"二字之音译，美国洛佛（B. Laufer）亦主其说。日本桑原博士始以为乃"唐家子"三字之音译，举证甚详，尚未足为最后之论定也。桑原氏说见其所著《宋末提举市舶西域人蒲寿庚之事迹》页一三五至一四三（陈裕菁译《蒲寿庚考》页一〇三至一〇九，冯攸译《唐宋元时代中西通商史》页九八至一〇六）。

一而足，西域文明及于长安，此辈盖预有力焉。桑原博士一文，于流寓长安之西域人曾约略道及，而未能尽，兹谨略事摭拾：以载籍所述泛及西域人士者记之于首，其国籍姓名彰彰可考者次叙于后。

中国史上西域人入居中国首都当以北魏一代为最多，其时流寓洛阳者，"自葱岭已西，至于大秦……附化之民万有余家"[1]，此万余家盖括四裔而言。然观于后来西域人入籍洛阳之多，可知其中西域人之成分，盖亦不少也[2]。长安自周秦以来历为国都，在政治上与文化上俱为对外之中心。西域人之留居其间，虽不能比于元魏时之洛阳，却亦不鲜，观于康僧渊生于长安可见一斑[3]。至唐而西域人流寓长安者日多，按之载籍以及最近出土诸墓志，一一可考也。

李唐氏族，据最近各家考证，出于蕃姓，似有可信。[4] 有

---

[1]《洛阳伽蓝记》卷三云："永桥以南，圜丘以北，伊、洛之间，夹御道有四夷馆：道东有四馆，一曰归正，二曰归德，三曰慕化，四曰慕义。……西夷来附者处崦嵫馆，赐宅慕义里。自葱岭已西，至于大秦，百国千城，莫不欢附，商胡贩客日奔塞下。所谓尽中国之区已。乐中国土风，因而宅者，不可胜数，是以附化之民万有余家。门巷修整，闾阖填列，青槐荫柏，绿树垂庭，天下难得之货咸悉在焉。"

[2] 如洛阳出土之安延、安神俨、康续、康达□、康秋、康磨伽、康留买、何摩诃诸志，以及康夫人曾氏墓志所举之曹樊提、曹毗沙等，大都系出西域，于北魏、北周、北齐之际入居中国，占籍洛京者也。诸志文繁不能备举，以下当略述一二，以资参证。

[3]《梁高僧传·康僧渊传》云："康僧渊本西域人，生于长安；貌虽梵人，语实中国。"

[4] 关于此一问题可参看冯承钧《唐代华化蕃胡考》，《女师大学术季刊》第一卷第四期刘盼遂《李唐为蕃姓考》，中央研究院历史语言研究所《纪念论文集》陈寅恪《李唐氏族推测》诸篇。

国以后一切建置，大率袭取周隋之旧。而渗以外来之成分，如两京规画，即其一端①。因其出身异族，声威及于葱岭以西，虽奄有中原，对于西域文明，亦复兼收并蓄。贞观初（631年），突厥既平，从温彦博议，迁突厥于朔方，降人入居长安者乃近万家②；此或可视为唐代对于外族"怀柔"之一端。唐京兆府户口，在天宝初仅三十余万户③，贞观时当不及此，而长安一隅突厥流民乃近万家，其数诚可惊人矣。因此辈流人之多，至于宪宗之际，长安少年，耳濡目染，变本加厉，无怪乎东城老父为之慨叹不已也。④

天宝末，安史之乱，两京沦陷，肃宗至德二年（757年）元帅广平王乃帅朔方、安西、回纥、大食之兵十五万众，收复两京。其后安史之平得力于此辈者不少，而回纥叶护太子亲将兵四千余众助讨叛逆，厥功尤伟。肃、代之际，回鹘使者至长安，遂骄慢不可一世，常擅出坊市，掠人子女，白昼杀人，入狱劫囚，而莫敢谁何。代宗以后，回鹘麇聚长安者常至千人，华服

---

① 按唐代两京规制，与周、秦以来建国之制殊异，日本桑原博士还历纪念《东洋史论丛》那波利贞《从中国首都计划史上考察之唐代长安城》一文讨论綦详，可以参看。
② 《唐会要》卷七十三作"近万家"，《唐语林》卷三作"且万家"，《册府元龟》卷九百九十一作"数千家"，大致俱不殊也。
③ 《唐书·地理志》：京兆府天宝元年（公元七四二年）领户三十六万二千九百二十一，口百九十六万一百八十八。《旧唐书·地理志》口作一百九十六万七千一百八十八，旧领户二十万七千六百五十，口九十二万三千三百二十（据浙局本《旧书》）。
④ 唐陈鸿祖《东城老父传》："今北胡与京师杂处，娶妻生子；长安中少年有胡心矣。"鸿祖此传所纪为元和中叶时事。东城老父所云之北胡，其犹为突厥与营州杂胡之流裔欤？

营利，为公私害①。德宗即位，遂将留寓长安之回鹘人全部遣回，而有振武留后张光晟杀回鹘使者董突等九百余人之惨剧②。按天宝以后，回鹘既代突厥而雄长朔漠，部族中遂杂有不少之西域人成分。代宗世常冒回鹘之名杂居长安之九姓胡，当即回鹘部族，桑原氏以为此辈九姓胡人应是昭武九姓苗裔。据《李文饶集》记在京回鹘译语人，屡及石姓译人，谓为"皆是回鹘种类"；西域石国人来中国，俱称石姓，此辈当是石国人之臣于回鹘者；桑原氏以九姓胡人为昭武九姓，其说可信也。关于回鹘石姓译人，别见于后，兹不赘述。至于回鹘人之在长安，并不因振武一戮而遂绝：《李文饶集》所记译语人诸事，俱在会昌初年；会昌五年（845年）和蕃太和公主以回鹘王崩国乱归唐，至长安，随从中即有回鹘人，日本僧圆仁留学长安，盖亲见之③。穆宗长庆五年④（825年），右龙武大将军李甚亦因其子贷在京回鹘钱不偿，为回鹘所诉，遂遭贬斥为宣州别驾（参看后论《西市胡店与胡姬》一节）；凡此皆可见德宗以后回鹘人仍时往来长安之概也。

唐自太宗以后，吐蕃势盛，高宗乾封、咸亨之际，西域四

---

① 参看《资治通鉴·代宗纪》十四年七月条。
② 参看《通鉴·德宗纪》建中元年（780年）八月条。按《代宗纪》十四年七月条有云："先是回纥留京师者常千人，商胡伪服而杂居者又倍之。"《德宗纪》建中元年八月条有云："九姓胡闻其种族为新可汗所诛，多道亡。董突防之甚急。九姓胡不得亡，又不敢归，乃密献策于光晟，请杀回纥。"此所云商胡及九姓胡，日本羽田亨氏在其《九姓回鹘考》（见《东洋学报》第九卷）中以为系铁勒九姓。桑原氏谓指昭武九姓而言，其说较长，今从之。
③ 见圆仁著《入唐求法巡礼行记》卷三。
④ 即"敬宗宝历元年"。

镇沦陷，河陇一带遂没于吐蕃。至今所得敦煌石室遗书，卷末书大蕃岁月者不一而足，当即此一时期之所书也。① 中国与西域之交通，因四镇陷蕃而中断，于是安西、北庭奏事及西域使人在长安者归路既绝，遂流寓其间，仰给于鸿胪礼宾。桑原氏文指出《通鉴·德宗纪》，记当时胡客留长安久者或四十余年，皆有妻子，买田宅，举质取利。检括之余，有田宅者鸿胪停给，凡得四千人，此辈俱留不归②，此亦一惊人之数字也。至于胡客之娶汉女为妻，并不始于德宗时，《唐会要》云：③

贞观二年（628年）六月十六日敕：诸蕃使人所娶得汉妇女为妾者并不得将还蕃。

---

① 北京图书馆藏位字七九号《贞观氏族志》残卷，卷末有"大蕃岁次丙辰后三月庚午朔十六日乙酉鲁国唐氏比蒻悟真记"一行。据余所考，大蕃岁次丙辰后三月，盖即唐文宗开成元年（836年）之四月也。说见《北平图书馆馆刊》六卷六号《敦煌丛抄贞观氏族志残卷补注》。
② 《通鉴·德宗纪》贞元三年条："初，河陇既没于吐蕃，自天宝以来，安西、北庭奏事及西域使人在长安者归路既绝，人马皆仰给于鸿胪礼宾，委府县供之，于度支受直。度支不时付值，长安市肆不胜其弊。李泌知胡客留长安久者或四十余年，皆有妻子，买田宅，举质取利，安居不欲归。命检括胡客有田宅者停其给，凡得四千人。将停其给，胡客皆诣政府讼之。泌曰：'此皆从来宰相之过，岂有外国朝贡使者留京师数十年，不听归乎？今当假道于回纥，或自海道，各遣归国。有不愿归者，当于鸿胪自陈，授以职位，给俸禄为唐臣。人生当乘时展用，岂可终身客死耶？'于是胡客无一人愿归者。泌皆分隶神策两军，王子使者为散兵马使或押牙，余皆为卒；禁旅益壮。鸿胪所给胡客才十余人，岁省度支钱五十万缗，市人皆喜。"
③ 《唐会要》卷一百。

洛阳出土唐墓志中汉女适西域人者亦往往有之[①]。验之《会要》之文，似乎有唐一代对于汉女之适异族，律并无禁，只不得将还蕃国耳。

唐代流寓长安之西域人，大致不出四类：魏周以来入居中夏，华化虽久，其族姓犹皎然可寻者，一也。西域商胡逐利东来，二也。异教僧侣传道中土，三也。唐时异族畏威，多遣子侄为质于唐，入充侍卫，因而久居长安，如新罗质子金允夫入朝充质，留长安至二十六年之久[②]，即其一例；此中并有即留长安入籍为民者，四也。兹谨综合所知，分国叙述如次：先及葱岭以东于阗、龟兹、疏勒诸国，然后推及中亚、西亚，如昭武九姓以及波斯诸国。观于此辈，而后西域文明流行长安，其性质之复杂，亦可概见矣。

于阗尉迟氏　于阗王室，相传在唐以前即属 Vijaya 一族。据斯坦因（M. A. Stein）及 Sten Konow 诸人研究，西藏文献中之 Vijaya 即 Saka 语中之 Viśa，中国史籍中之于阗王室尉迟氏即 Viśa 一词之译音。于阗国人入居中国，遂俱氏尉迟。至于唐代流寓长安之尉迟氏诸人，渊源所自，大别有三：一为出于久已华化之后魏尉迟部一族；一为隋唐之际因充质子而入华者；其一则族系来历俱不明者。今分举如次：

唐代住居长安久已华化之尉迟氏，自以尉迟敬德一族，最

---

① 例如《安延墓志》所记延夫人刘氏，大唐故酋长康国大首领因使入朝检校折冲都尉康公故夫人汝南上蔡郡翟氏墓志之翟氏，当俱是汉女，适于异族。至于安神俨之夫人史氏，康枕之夫人曹氏，佚名康君夫人曹氏，又康氏故史夫人，疑俱属异族，本非汉裔，墓志所云乃出缘饰，观于诸女祖若父之名俱为西域音盖可见也。

② 见《册府元龟》卷九百七十六《褒异》三。

为著名。尉迟敬德(《旧唐书》卷六十八,《唐书》卷八十九有传),以高宗显庆三年（658年）卒于长安私第。敬德长安私第,据宋敏求《长安志》,在西市南长寿坊。其子宝琳附见两《唐书》传及许敬宗撰敬德碑。敬德犹子窥基大师,字洪道,尉迟宗子,所谓奘门龙象者是也。《宋高僧传·窥基传》云：

> 释窥基字洪道,姓尉迟氏,京兆长安人也。尉迟之先与后魏同起,号尉迟部,如中华之诸侯国；入华则以部为氏也。魏平东将军说六代孙孟都生罗迦,为隋代州西镇将,乃基祖焉。考讳宗,唐左金吾将军松江都督江由县开国公。其鄂国公德则诸父也,《唐书》有传。

敬德出于后魏尉迟部。《魏书·官氏志》谓为西方尉迟氏。按韦述《两京新记》,长安嘉会坊哀义寺本隋太保吴国公尉迟刚宅,刚兄即尉迟迥。永平坊宣化尼寺则隋开皇五年周昌乐公主及驸马都尉尉迟安舍宅所立。尉迟迥、尉迟安皆出于尉迟部,嘉会、永平、长寿三坊,自北而南彼此毗连,则此部人之占籍长安,最迟亦当在周隋之际,而敬德一族与此辈必有若干之关联也。日本羽溪了谛以为后魏尉迟部实始于《窥基传》中之平东将军说,尉迟说即于阗史上之 Vijaya-kirti,尉迟即 Vijaya 之音译,说则译 kirti 一字之义（kirti 出于梵语之 klît）云云[①]。羽溪氏说,尚待佐证,唯久已华化之敬德一族,其先亦出于阗,则无可疑也。

隋唐之际始由西域入居长安之尉迟氏,其最著者有名画家尉迟跋质那及乙僧父子,而高僧智严当亦此名画家之一族也。桑原氏文曾引张彦远《历代名画记》云：

---

① 见《艺文》第四年第二号氏著《于阗国佛教考》。

> 尉迟乙僧于阗国人，父跋质那。乙僧，国初授宿卫官，袭封郡公。善画外国及佛像，时人以跋质那为大尉迟，乙僧为小尉迟。

按尉迟乙僧及其父跋质那，史未言其为于阗质子，然而父子同封郡公，乙僧并授宿卫，非质子不能至此。跋质那，《名画记》列之隋代，则跋质那及乙僧乃父子同为质子而久居长安者也。

乙僧画风属于凹凸一派，后来吴道玄之人物画亦受此种影响，此在本篇论《西域传来之画派与乐舞》一节中更为详论，兹唯略考跋质那父子与智严之关系。据《名画记》，长安奉恩寺是尉迟乙僧宅，而按韦述《两京新记》及《宋高僧传·智严传》，则奉恩寺原是智严旧宅。《智严传》云：[①]

> 释智严姓尉迟氏，本于阗国质子也。名乐，受性聪利。隶鸿胪寺，授左领军卫大将军上柱国，封金满郡公。而深患尘劳，唯思脱屣。神龙二年（706年）五月，奏乞以所居宅为寺，敕允，题榜曰奉恩是也。

尉迟乐与乙僧父子同为宿卫，同封郡公，而又前后同居一宅。按《贞元新定释教目录·智严传》，尉迟作郁持，当是译音之异。又谓智严"自惟生居异域，长自中华，幸得侍奉四朝，班荣宠极"云云[②]。智严为中宗时人，上溯四朝，适在唐初，与大小尉迟同时。则诸人者疑为一家，由跋质那以至乐，自隋末三世入居中国，先后以质子留宿卫京师。而乐则诞于西域，长自中华，

---

① 《宋高僧传》卷三《智严传》。
② 《贞元新定释教目录》卷十四《智严传》。

如天宝以后尉迟胜之子锐然，是以翻经能"文质相兼，得其深趣"也。

神龙以后，至于天宝中叶，于阗质子，不复可考。天宝以后有尉迟胜，玄宗曾妻以宗室女（胜，《旧唐书》卷一百四十四、《唐书》卷一百一十俱有传，又见《册府元龟》卷九百六十二）。禄山之叛，胜命弟曜行国事，自率兵五千赴难。安史乱平，胜遂留中国不去，寓长安修行里（本名修行坊），史称其"盛饰林亭，以待宾客，好事者多访之"。让国于弟曜，尤为世所称。据《旧书》，胜卒时年六十四，贞元十年（794年）赠凉州都督，子锐嗣。锐母，大约即唐宗室女也。据 Sten Konow 在《于阗研究》中考证，尉迟胜即西藏文献中之 Vijaya-sambhava。而于阗王尉迟曜则为西藏文献中之 Vijaya-bohan，亦即于阗国语中之 Viśa-vahan；贞元初，悟空自西天反国过于阗，尚及见之也①。

代宗时又有尉迟青，居在长安之常乐坊，德宗朝官至将军。善觱篥，时人称其冠绝古今，大历中曾以此艺折服幽州觱篥名手王麻奴②。文宗太和中，长安又有尉迟章善吹笙③。此二人者不知是否出于华化已久之尉迟部，与尉迟敬德一族同其渊源？

---

① 参看《大唐贞元新译十地等经记》（《弘教藏》闰十五《十力经序》，《大正藏》卷十七，页七一五）。
② 见唐段安节《乐府杂录》觱篥条。
③ 按尉迟章，《乐府杂录》作尉迟章，钱易《南部新书》乙则作尉迟璋左（者？）。按《旧唐书》卷一百七十三《陈夷行传》，开成二年有仙韶院乐官尉迟璋，授王府率，后转光州长史。同书《武宗纪》开成五年正月二日文宗暴卒，"三日仇士良收捕宣诏院副使尉迟璋杀之，屠其家"。此当即《乐府杂录》中之尉迟章，《南部新书》作尉迟璋左，或是讹误也。《新书》云："乐工尉迟璋左能㪷喉为新声，（转下页）

抑与跋质那辈同为于阗质子之苗裔？今俱无可考。按唐代教坊不少胡人，如曹氏父子、米氏父子，皆以善歌世其业，同出于昭武九姓。太和中之康道、米禾稼、米万槌辈疑亦是胡人（说见后），当与尉迟章等同隶乐府；其是否为随北周突厥皇后东来诸乐人之子嗣，今不可知矣。

疏勒裴氏 疏勒国王姓裴氏，自号阿摩支[①]，其裴姓对音之由来，至今学者未能言也。疏勒裴氏入居长安，当亦始于唐初，大率以质子宿卫京师，遂留不去。其族之著者有裴玢一家。玢，两《唐书》有传，《新书·传》略云：[②]

> 裴玢五世祖纠，本王疏勒，武德中来朝，拜鹰扬大将军，封天山郡公。留不去，遂籍京兆。

玢于元和初官至山南西道，史称其"为治严棱，畏远权势，不务贡奉。蔬食敝衣，居处取避风雨而已。仓库完实，百姓安之"。玢盖以一华化之西域人从官而为循吏也。史未及玢后，林宝《元

（接上页）京师屠沽效呼为拍弹。"而《唐会要》卷三十四杂录条则谓"咸通中伶官李可及善音律，尤能啭喉为新声，音辞曲折，听者忘倦。京师屠沽少年效之，谓之拍弹"。苏鹗《杜阳杂编》卷下亦谓"可及善啭喉舌，对至尊弄媚眼作头脑，连声作词唱新声曲，须臾即百数，方休。时京城不调少年相效，谓之拍弹"。俱以拍弹属之李可及；《南部新书》之说，或系传闻之误也。

① 冯承钧先生谓阿摩支官号为于阗、疏勒两王所共有。《元龟》卷九百六十四有开元十六年册封于阗阿摩支尉迟伏师文，又封疏勒阿摩支裴安文云云。按"阿摩支"疑即梵文 amātya 一字对音，义为宰相大臣（见 Sir Monier-Williams；*Sanskrit English Dictionary*，p.81）。大约隋唐间疏勒、于阗臣属突厥，故其国王以诸侯自称耳。

② 《新唐书》卷一百十。

和姓纂》裴氏亦无京兆一房，或者以其异族，遂予刊落也欤？

又有裴沙者，字钵罗，亦疏勒人。曾祖裴施，本蕃大首领；祖支，宣威将军；父达，云麾将军。沙于中宗时，以破突厥功，授忠武将军，行左领军卫郎将。以开元十二年（725年）十二月三十日薨于洛阳私第，寿八十一（645至725年）。沙，两《唐书》无传，近年墓志出土[①]，始显于世。据墓志，沙虽薨于洛阳，葬于北邙，然既行左领军卫郎将，必曾流寓长安（关于左领军卫，参看本节末述吐火罗人仆罗条）。志谓"仍赐几杖"，又谓"自乐道优闲，亦十有余载"，则裴沙者，其后功成身退，息影林泉，遂卜居东都，优闲自适耳。

中国佛教史上有名之慧琳，亦姓裴氏，为疏勒国人。慧琳隶京师西明寺，"引用《字林》《字统》《声类》《三苍》《切韵》《玉篇》、诸经杂史，参合佛意，详察是非，撰成《大藏音义》一百卷。起贞元四年，迄元和五载（788至810年），方得绝笔"[②]。琳以元和十五年（820年）庚子卒于西明寺，春秋八十有四（737至820年）。其生与裴玢大略同时，疑为其族人也。

贞观时，太常乐工有裴神符，与曹纲同时有裴兴奴，俱以妙解琵琶，见称当时。疑兴奴即神符之裔，以琵琶世其家，而与曹氏、米氏同出西域，为疏勒人，故姓裴氏也。关于神符等与西域乐之关系，说见后论《西域传来之画派与乐舞》一节，兹不赘。

唐末又有一种传说，谓裴休后转生于阗为王子。《南部新书》

---

① 洛阳新出土《大唐故忠武将军行左领军卫郎将裴府君墓志铭》。原石不知归于何处，兹据北京图书馆藏拓本。以后所引诸新出墓志，大率根据此馆所藏拓本，不更一一注明。
② 《宋高僧传》卷五《慧琳传》。

云：①

> 裴相休留心释氏，精于禅律。……每发愿曰："乞世世为王，来护佛法。"后于阗国王生一子，手文间有裴字，闻于中朝。

此显然由于疏勒国王室姓裴氏，因而附会于裴休之转生；又因于阗象教之盛，远胜疏勒，遂又由疏勒讹转而为于阗。大概由于释家缘饰，齐东野语，不足信也。

龟兹白氏 龟兹白氏，源远流长，自汉至唐，王室一姓相承；葱岭以东诸国，唯于阗尉迟氏勉强可与一较短长也。白氏对音，冯承钧先生由龟兹王苏伐勃䭾及诃黎布失毕二名还原所得之 Suvarnapuspa（金花）及 Haripuspa（师子花）二者推测，以为疑是：Puspa 之译音②。就目前而论，冯说盖较为可据也。

隋、唐之间，乐府伶工有白明达者，《隋书·音乐志》附之龟兹部内，隋炀帝常欲循曹妙达封王之例以宠之。桑原氏谓白明达当是龟兹人，或系随北周突厥皇后入中国之一乐人，隋、唐两代龟兹乐之盛极一时（说见后论《西域传来之画派与乐舞》一节），与此辈龟兹乐人应不无关系。隋亡以后，至贞观时，白明达以术逾等夷，积劳计考，并至大官；高宗时犹供奉内庭。史虽未及其长安居处，然其曾居于是，盖无疑也。

此外有蕃将白孝德诸人，桑原氏文曾为举述一二，其曾否流寓长安，今俱无考，置而不论。又本节注五十五③引仆罗上

---

① 《南部新书》癸。又见孙光宪《北梦琐言》卷六。
② 见《女师大学术季刊》第二卷第二期冯承钧《再说龟兹白姓》。
③ 即后文所引《全唐书》卷九百九十九《仆罗诉授官不当上书》。

诉书中有龟兹王子白孝顺,当曾流寓长安。其与白孝德是否一族,今无可考。

又鄯善人至中国姓鄯氏,前贤论及西域姓氏,从无注意及此者。近洛阳出土鄯乾墓志,卒于魏永平五年(512年);车师前部王车伯生息鄯月光墓铭,卒于魏正始二年(505年):是为六朝时入中国之鄯善人。又鄯昭墓志,卒于唐咸亨二年(671年);其祖官于北周,父官于隋:是为唐代入中国知姓名之鄯善人。以俱卒于洛阳,长安尚未之见,兹姑不赘。

昭武九姓胡人 所谓昭武九姓,《唐书》与《文献通考》之言微有不同。《唐书》所云之昭武九姓,为康、安、曹、石、米、何、火寻、戊地、史;《通考》则为米、史、曹、何、安、小安、那色波、乌那曷、穆:并以部落称姓,示不忘本。关于昭武九姓之考证,可参看桑原隲藏、堀谦德、藤田丰八及冯承钧诸氏书,兹不能详[1]。要之,凡西域人入中国,以石、曹、米、史、何、康、安、穆为氏者,大率俱昭武九姓之苗裔也。前引《通鉴·代宗纪》之商胡,《德宗纪》之九姓胡,即多属此辈。兹举流寓长安,姓名可考者分述如次。

康氏康国人来中国,多以康为氏。桑原文于康姓考证甚详,其所举诸人,唐以前者不论,唐代有康国大首领康艳典(或作康染颠),石城镇将康拂弒延及其弟地舍拔;流寓长安者有玄宗时为安南都护、肃宗时为鸿胪卿之商胡康谦,贞元中长安琵琶名手康昆仑,唐初善画异兽奇禽之名画家康萨陀,李白《上

---

[1] 关于昭武九姓考证,桑原文外,堀谦德《解说西域记》六四页至七二页,藤田丰八《慧超往五天竺国传笺释》六五页至七二页(泉寿东文书藏印本)俱可参看。

云乐》中之康老胡雏；而开元时缚康待宾平六胡州之康植一家，桑原氏亦疑其为康国人。

今按康国人素以善贾市著称西域，利之所在，无所不至。如高昌、蒲昌海一带，以及北蕃部落，莫不有康国人踪迹。高昌及蒲昌海左近住居之康国人，有近出墓志及敦煌遗籍可以证明[1]。而北魏、周、齐以来北蕃部族入居中国者亦复不少，北蕃有十二姓，其中即有康姓一部落；柳城康姓，当即此辈[2]。史称突厥颉利可汗为唐所败，其部落或走薛延陀，或走西域，

---

[1] 康国人东徙，沿途居停之地，今所知者有高昌、沙州以及柳城等处。西北科学考查团黄文弼先生在吐鲁番得有麟德元年（664年）翟郍昏宁母康波蜜提及神龙元年（705年）康富多夫人二墓志：康波蜜提必是西域人无疑，而康富多亦当是康国人。至于沙州一隅之康国人，为数尤夥。据斯坦因所得光启元年（885年）写本《沙州伊州地志》残卷（日本小川博士还历纪念《史学地理学论丛》羽田亨氏论此志篇曾录全文，又见 *Bulletin of the School of Oriental Studies*, London Institution, Vol.VI, Part 4, pp.825—846），伯希和所得《沙州都督府图经》（影本收入《鸣沙石室佚书》）以及《新唐书·地理志》，贞观中沙州康国人聚居其间，筑有四城，其首领康艳典、康拂诞延、地舍拨等，尤为著称于世。（关于蒲昌海左近之康国部落，伯希和在 Joumal Asiatique, 1916, pp.111—123 有 *Le "cha tcheou tou tou fou t"ou king'et la colonie sogdienne de la regin du Lob-Nor* 一文，冯承钧《史地丛考》译名为《沙州都督府图经及蒲昌海之康居聚落》，可以参看）而罗振玉《沙州文录补》康再荣建宅文中之沙州大蕃纥骨萨部落使康再荣，应即是所谓康部落之苗裔也。蒲昌附近之康国人，在唐代当甚为著名，是以源出西域之康国人夸其族系，每以出于蒲昌相夸。洛阳出土康武通墓志铭，铭词论及武通族系，即云"蒲昌贵族"，是可见也。

[2] 案近来出土诸康姓墓志，康枕起自西魏，康达□曾仕齐，康武通祖仕于周。颜鲁公撰《夏州都督康公神道碑》云："公讳阿义屈达干，姓康氏，柳城人。其先世为北蕃十二姓之贵种。"凡此诸辈，其先世疑俱为臣属北蕃突厥之康部落种人，后魏以降，入居中原也。

来降于唐者甚众，惟柘羯不至。按柘羯即赭羯，原是西域康国战士。又如贞观初以隋萧后及杨政道来降之胡酋康苏密之流，当亦属于康部落。是所谓北蕃十二姓中，含有不少之西域种人，盖无可疑也①。今所知唐代曾居洛阳之康枕（石藏北京历史博物馆）、康达□、康武通、康续诸人，其先人于魏、周之际，入官中朝，验其墓志，大都渊源西域②。此皆桑原氏所未及知者也。至于流寓长安之康国人，据余检阅所得，尚有出于桑原氏举出诸人以外者，兹并缕述如次，以补其阙。

占籍河南洛阳之康国人，亦有曾流寓长安者。唐代长安，各国人集居其地者甚多，其中康国人当亦不少，洛阳出土墓志有康磨伽、康留买兄弟，当即此辈也。康磨伽曾祖感，凉州刺史；祖近德，安西都护府果毅；父洛，唐上柱国。磨伽以军功授游击将军上柱国。志文云：

---

① 参看《文献通考·四裔考》之《突厥考》。
② 案康枕墓志云："吹律命系，肇自东周；因土分枝，建旐西魏。"是明为属于后魏之一部族，而枕在唐初授陪戎副尉，此为统理异族之官，必其人亦属此族也。康达□墓志则直云"十六代祖西华国君，东汉永平中遣子仰入侍，求为属国"。此当系缘饰之辞，大约北齐时入居中国，遂占籍河南为伊阙入耳。康武通为太原祁人，亦授陪戎副尉。志称其妻唐（？）氏即酒泉单王之胤，所谓酒泉单王，不知何指，唯铭词有"蒲昌贵族，酒泉华裔"之语则武通与蒲昌海附近之康国人有关系，固显然可见也。康续亦河南人，墓志谓："昔西周启祚，康王承累圣之基；东晋失图，康国跨全凉之地。控弦飞镝，屯万骑于金城；月尘汉惊，辟千营于沙塞。举葱岩而入款，宠驾侯王；受茅土而开封，业传枝胤。"是续之先世，固葱岭以西之人，或系北齐之际入居中国，康王云云则谀墓之辞耳。续父名老，不知是否即李白《上云乐》中之康老胡雏，还待通人考定。

> 君讳磨伽，其先发源于西海，因官从邑，遂家于周之河南。

盖亦为北周时入居中国之康国人也。磨伽卒于高宗永淳元年（公元六八二年）四月，志文谓磨伽：

> 以永淳元年四月三日疾薨于京之私第，游击将军守左清道率同返葬于洛州河南县平乐之原。

志文有"一举而扫龙庭，再战而清翰海"之语，其人当系永隆、开耀间从裴行俭平突厥有功者。既云游击将军守左清道率同返葬于洛州云云，则所谓薨于京之私第，自指长安而言，其曾流寓长安，于兹可见也。康留买为磨伽之兄弟行，志文谓：

> 公讳留买，本即西州之茂族，后因锡命，遂为河南人焉。

其一家之为康国人，盖大致可信。留买亦因平突厥有功，"诏授游击将军守左清道率频阳府果毅北门长上"。所谓频阳折冲府，据罗振玉考证，隶于京兆[1]，而左右清道率府俱在西京，则留买亦必驻节长安。留买于磨伽卒后送榇归葬洛阳，己亦卒于其年七月十七日。两志俱未及卒者年岁，二人孰长，莫由决定也。磨伽有子阿善，留买有子伏度，俱见志文。

康磨伽兄弟之后，又有营州柳城杂胡安禄山，其长安赐第在亲仁坊。禄山本姓康氏，妻亦康姓，至中国后，受安波主之

---

[1] 见《唐折冲府考补》（《永丰乡人杂著》本）。

卵翼，遂易姓安氏①。桑原氏据姚汝能《安禄山事迹》，谓禄山或有中亚伊兰民族之血统，为康国人。据颜鲁公《康金吾神道碑》，北蕃大族有十二姓，其中即有康氏一部，属于此族之阿义屈达干，其后即卒于长安。《康金吾神道碑》云：②

> 公讳阿义屈达干，姓康氏，柳城人。其先世为北蕃十二姓之贵种：曾祖颉利部落都督，祖染可汗驸马都知兵马使，父颉利发默啜可汗卫衙官，知部落都督；皆有功烈，称于北陲。公即衙官之子也。……以（至德）二年（757年）青龙甲辰冬十有一月二十日甲寅感肺疾薨于上都胜业坊之私第，春秋七十有五（683—757年）。亲事左右，莫不劙面截耳以哭。……铭曰：北方之强欤？十有二姓强哉矫。部落之雄者康，执兵柄，缅乎眇。……

所谓"部落之雄者康"是阿义屈达干之得姓，盖以"蕃人多以部落称姓，因以为氏"耳。柳城康姓胡人出于康国，因鲁公此碑而又加强其证。是以阿义屈达干归唐后，即隶禄山麾下，为部落都督，可见二人族姓之关系，而禄山部下有不少康部落人，于阿义屈达干为部落都督亦可以见出若干消息也。劙面截耳，

---

① 《全唐文》卷四百五十二邵说《代郭令公请雪安思顺表》云："安禄山牧羊小丑，本实姓康，远自北蕃，来投中夏。思顺亡父波主，哀其孤贱，收在门阑；比至成立，假之姓氏。"波主，《旧唐书·安禄山传》作波至。

② 见《颜鲁公集》卷六（《四部丛刊》本）。《唐三十姓可汗贤力毗伽公主阿那氏墓志》有"君临右地，九姓畏其神明；霸居左柱，十二部忻承美化"之语。此九姓当指铁勒九姓，而十二部则必是《康金吾碑》中所云之北蕃十二姓也。

俱突厥法，柳城康氏虽出西陲，盖为突厥所化久矣。阿义屈达干举族归唐，有四子：没野波、英俊、屈须弥施、英正，俱以勇力闻于世，颜碑并著其事。

又按康国人中每多摩尼教徒[1]，而据《唐语林》：[2]

> 颜鲁公尝得方士名药服之，虽老，气力壮健如年三四十人。至奉使李希烈，春秋七十五矣。……如穆护（原注：穆护即鲁公男硕之小名也）天性之道，难言至此。

穆护原为摩尼教中僧职之名，说者多以鲁公以穆护名其次男为异，今观其所作《康金吾神道碑》，可知鲁公与康国人曾有交往，则《语林》所云，或者鲁公服膺摩尼教旨，而获其养生之术欤？

有名之华严宗第三祖贤首大师释法藏亦是康国人，曾与玄奘、义净同预译事。《宋高僧传》云：

> 释法藏字贤首，姓康，康居国人也。风度奇正，利智绝伦。薄游长安，弥露锋颖。

据阎朝隐《康藏法师碑》及崔致远《法藏和尚传》诸书，法师累代相承为康国（原作康居国）丞相，祖自康国来朝；父谧，唐赠左侍中；弟宝藏，中宗朝议郎行统万监。法师生于贞观十七年（公元六四三年）。其生地不详，验其幼年求道，不出雍州，疑即诞于长安。咸亨元年（670年）削染于太原寺，其后历住崇福诸寺，先天元年（712年）圆寂于西京大荐佛寺，春秋七十（643至712年）。此一家之入中国当在周、齐之际也。

---

[1] 参看《支那学》第三卷第五号羽田亨《漠北之地与康国人》一文。
[2] 《唐语林》卷六。

法藏撰《华严经传记》，记调露初雍州万年县人康阿禄山被冥道误追事，此康阿禄山疑亦是康国人。①

又据康庭兰墓志，庭兰官至右威卫翊府左郎将，开元二十八年（740年）九月卒于东都温柔里，春秋六十有五。庭兰曾祖匿，唐游骑将军守左卫翊府中郎将；祖宁，归德将军行右领军卫将军；父烦随，云麾将军上柱国。庭兰一家，就其姓名而论，当是唐代归化之康国人，而右威卫翊府左郎将，左卫翊府中郎将，右领军卫将军，据《唐书·百官志》，俱是宿卫京城之官，则庭兰诸人虽卒于东都，而在当年因曾一度为长安寓公；疑其入唐原为质子，慕恋华风，遂留不归耳。

代宗时李端有《赠康洽》诗，开篇即云：②

黄须康生酒泉客，平生出入王侯宅。今朝醉卧又明朝，忽忆故乡头已白。……迩来七十遂无机，空是咸阳一布衣。

---

① 《宋高僧传》卷五《法藏传》。又参看阎朝隐撰《大唐大荐佛寺故大德康藏法师之碑》及崔致远撰《法藏和尚传》。康阿禄山见法藏集述《华严经传记》卷五（碑传等俱见《续藏经》第一辑第二编乙第七套）。
② 《全唐诗》第五函第三册（殿本）。又《全唐诗》第二函第九册有李颀《送康洽入京进乐府歌》，有云："识子十年何不遇，只爱欢游两京路。朝吟左氏《娇女篇》，夜诵相如《美人赋》。长安风物旧相宜，子苑蒲萄花满枝。……"又第八函第四册有周贺《送康洽（"洽"今本《全唐诗》作"绍"，明周晖《金陵琐事》卷三"江宁诗人"条引作"康洽"，是明本固有作洽者）归建业》诗，开篇云："南朝秋色满，君去意如何？……"综三家之诗观之，似乎康洽籍贯原系酒泉，系出西域，寄寓建业，后以进乐府而至长安，久之又归建业也。其所进之乐府疑亦为西域乐舞，如凉州霓裳之类耳。志此以待博雅论定。

酒泉康姓，而又黄须，好饮，后寄居长安；则康洽者疑其先原为康国人。诗云酒泉，其亦犹凉州安氏之流欤？（李频、周贺亦有赠洽诗，别详本节注四一[①]。）宣宗大中初，乐府又有康迺，善弄婆罗门，当亦如康昆仑然，同为流寓长安、原籍康国之乐工也。

　　唐代入居中国之昭武九姓胡人，康、安二姓同为显族。姑臧凉州安氏，据林宝《姓纂》，系出安国。北魏安难陀至孙盘婆罗（《唐书·世系表》作盘婆罗）代居凉州为萨宝，盖火祆教世家也。安兴贵以执李轨功，拜右武卫大将军归国公，其入居长安，当始是时。至抱玉，赐姓李氏，与弟抱真同为有唐名将，两《唐书》俱有传（《旧唐书》卷一百三十二，《唐书》卷一百三十八）。抱玉宅在长安朱雀门街西修德坊。安氏一家及其与以前诸安氏之关系，桑原氏文述之綦详，兹不赘。武德元年（618年）拜舞人安叱奴为散骑侍郎，李纲切谏不听。纲疏谓叱奴为舞胡，又与曹国出身之曹妙达、安国出身之安马驹并论，桑原氏疑其为安国人，当可信也。居于洛阳之安国人尚有安延及安神俨。安延祖真健，后周大都督；父比失，隋上仪同平南将军。墓志（石藏北京历史博物馆）谓：

　　　　君讳延，字贵萨，河西武威人也。灵源浚沼，浪发昆峰，茂林森蔚，草敷积石。……词曰：……望重玉关，族高昆岳。……

神俨祖君恪，隋任永嘉府鹰扬；父德，左屯卫别将。墓志谓：

[①] 即上注。

> 君讳神俨,河南新安人也。原夫吹律命系,肇迹姑臧;因土分枝,建坞强魏。

神俨嗣子敬忠。此二人当俱姑臧安氏一族,出于安国,昭然无疑。

自唐初入居长安之安国人,除桑原氏所举外,尚有安附国一家,附国祖乌唤,为突厥颉利吐发,番中官品称为第二。父胐汗于贞观初率所部五千余人入朝,为置维州,即以胐汗为刺史,拜左武卫将军,累授左卫右监门卫二大将军,封定襄郡公。附国亦于贞观四年(630年)与父俱诣阙下,时年十八。太宗见而异之,即擢为左领军府左郎将。后授上柱国,封驺虞县开国男,咸亨初进爵为子。以调露二年(680年)二月十八日终于长安,葬于雍州长安县孝悌乡。长子右钤卫将军北平县公思祇,次子鲁州刺史思恭。事实具见李至远撰《唐维州刺史安侯神道碑》[①]。碑文有云:

> 侯讳附国,其先出自安息,以国为姓。

盖为隶属突厥之安国人,谓为出自安息,则文人之附会耳。注三十六[②]所引邵说撰《请雪安思顺表》中之安波主及其子思顺,与安附国一家或有若干血统上之关系,亦未可知也。

---

① 见《全唐文》卷四百三十五。碑文谓附国"以贞观四年与父俱诣阙下,时年一十有八"。又谓"奄以调露二年二月十八日寝疾,终于神都,春秋八十有三"。按附国贞观四年才十八岁,至调露二年疾终之日,只应六十有八,与碑文所云八十有三不合,此二者必有一误。以无他证,姑悬疑以待通人。又附国入唐在贞观四年,与是年伊州杂胡来朝合,疑本是西域人,唐初入华,世系谱牒则缘饰之辞云耳。
② 即上引《全唐书》卷四百五十二邵说《代郭令公请雪安思顺表》。

又长安出土有安令节墓志铭。令节以唐长安四年十一月二十三日卒于长安之醴泉里私第。志文有云：

> 君讳令节，字令节，先武威姑臧人，出自安息国王子，入侍于汉，因而家焉。历后魏、周、隋，仕于京洛，故今为豳州宜禄人也。……祖瞻，皇唐左卫，潞州府左果毅。……父生，上柱国。……（令节）以长安四年十一月廿三日疾终于醴泉里之私第，春秋六十。有子如岳、国臣、武臣等。……即以神龙元年三月五日葬于长安县之龙首原，礼也。……

是安令节一家，固亦为流寓长安之西域安国人也。

又按李颀《听安万善吹觱篥歌》有云：[①]

> 南山截竹为觱篥，此乐本白龟兹出。流传汉地曲转奇，凉州胡人为我吹。……变调如闻杨柳春，上林繁花照眼新。……

既云凉州胡人，则安万善当为姑臧安氏，出于安国，与安难陀、安延、安神俨同属一族。上林云云，或指安万善之流寓长安而言耳。昭宗时长安又有舞胡安辔新，以曾斥李茂贞见称于世，当亦西域人也（见《北梦琐言》卷十五）。

曹氏 后魏以来，源出曹国入居中土之曹氏一家，特为显贵，名乐工、名画家不一而足：如曹婆罗门，曹僧奴，曹妙达；曹僧奴女北齐高纬之昭仪，三世俱以琵琶有名当世，妙达且以

---

① 《全唐诗》第二函第九册。

之开府封王。曹仲达为北齐有名画家，出身曹国，当亦妙达一家。至于唐代琵琶名手尤多曹姓：曹保，保子善才，孙纲，俱以琵琶著称当世。唐代乐府多袭周隋之旧，曹保一家，当即妙达之裔，于长安教坊中复大显其身手也。关于曹保一家，桑原氏文所述綦详，兹唯于其出身西域更举数证。按李绅《悲善才诗》为感曹善才之殁而作，其中有句云：①

　　紫髯供奉前屈膝，尽弹妙曲当春日。

按张说《苏摩遮》第一首谓"摩遮本出海西胡，琉璃宝眼紫髯须"，是紫髯盖西域胡人始有之也。曹氏之为胡人，观白居易诗，似更为可信。白氏《听曹刚琵琶兼示重莲》诗云：②

　　拨拨弦弦意不同，胡啼番语两玲珑。谁能截得曹刚手，插向重莲衣袖中。

白氏诗之曹刚即《乐府杂录》中之曹纲。此所云胡啼番语，当非指琵琶之音调而言，大约以纲为西域胡人，故如是云云耳。白氏又有《代琵琶弟子谢女师曹供奉寄新调弄谱》诗③，此善琵琶之女师曹供奉，疑亦是曹纲一家，如其不误，则其祖孙父子兄妹（？）并以琵琶著于世，与曹妙达一家先后媲美矣。唐末又有曹触新善弄婆罗门，江南李煜乐工曹者素善琵琶，或与

---

① 《全唐诗》第八函第一册。
② 《全唐诗》第七函第六册。
③ 《全唐诗》第七函第七册。

曹保同为一族，亦未可知①。白氏《琵琶行》又谓善琵琶之贾人妇本长安倡女，尝学琵琶于穆、曹二善才云云，所谓曹善才当即曹保之子也。

又长安出土谯郡夫人曹明照墓志，夫人以开元十一年十月八日终于居德里私第。志称其"曾祖继代金河贵族，父兄归化，恭□玉阶。……以其年（开元十一年）十一月廿三日迁窆于金光坊龙首原，礼也。……"据此，曹明照疑亦是由曹国移至武威、姑臧一带之西域人也。

石氏昭武九姓中之石国，其国王姓石氏，国人来中土者亦以石为氏。在唐初，石国人当有若干徙居今之陕西。《宋高僧传·神会传》云：②

释神会，俗姓石，本西域人也。祖父徙居，因家于岐，遂为凤翔人矣。

既为西域人，又姓石氏，自属出于石国。按神会以贞元十年（794年）十一月十二日坐灭于成都之净众寺，春秋七十五。从此上推，其祖父徙居于岐，当在唐初。按隋末西域杂胡据有伊州，至唐贞观四年群胡慕化，率七城内附，因于其地置西伊州。此率七城慕化内附之首领为伊吾城主。据斯坦因在敦煌所获光启元年写本沙、伊两州地志残卷，贞观四年内附之伊吾城主为石万年，

---

① 曹触新见陈旸《乐书》卷一百七十三弄婆罗门条；曹者素见同书卷一百八十三霓裳舞条。
② 《宋高僧传》卷九。

与康艳典等当同为昭武九姓胡人①。神会之祖,或即随石万年来朝之石国胡人,留恋中土,不忍遽去,因而遂家于岐,为凤翔人。此凤翔一支之石国人,有无流寓长安者,今无可考。

北京图书馆曾购得长安出土唐石崇俊墓志一石,亦是西域人。志文云:

> 府君石氏,讳崇俊,字孝德。……府君以曾祖(?)奉使至自西域,寄家于秦,今为张掖郡人也。祖讳宁芬,本国大首领散将军。皇考讳思景,泾州阳府左果毅。……(府君)有子曰清……荐授左威卫左司戈,掌剑南道泉谷之任。……(府君)不幸遘疾,以贞元十三年二月二十日终于群贤里之私第,享年八十有一。……

此石崇俊一家是否即石万年之后,今无可考。唯流寓以及卒于长安之西域石国人墓志,要当以石崇俊一石为最初之发现,是亦可珍也。

桑原文引刘言史《王中丞宅夜观舞胡腾》诗,首云"石国胡儿人见少"。王中丞名武俊,长安朱雀门街西道德坊有其家庙,长安当亦有居宅。此石国胡儿,盖居于长安之一不知名之舞胡也。

《李文饶集》曾及回鹘部族中之石姓胡人,本节前已约略道及。兹按其《论译语人状》有云:

---

① 小川博士《史学地理学论丛》羽田亨《唐光启元年写本沙州伊州地志考》述此甚详。又可参看 Lionel Giles: *A Chinese Geographieal Text of the Nineth Century*(*Bulletin of the School of Oriental Studies*, London Institution, Vol. VI, Part 4, pp.825—846, 1932)。

> 右缘石福庆等，皆是回鹘种类，必与本国有情。纥扢斯专使到京后，恐语有不便于回鹘者，不为翻译，兼潜将言语辄报在京回鹘。望赐刘沔忠顺诏，各择解译蕃语人不是与回鹘亲族者，令乘递赴京，冀得互相参验，免有欺蔽未审。

同集又有《论回鹘石诫直状》，有云：

> 右自两月来臣等窃闻外议云，石诫直久在京城，事无巨细，靡不谙悉。昨缘收入鸿胪，惧朝廷处置，内求奉使，意图脱身。又云石诫直在先有两男逃走，必是已入回鹘；料其此去，岂肯尽心。……石诫直是一卑微首领，岂能有所感寤。况自今夏已来，两度点检摩尼、回鹘，又宠待愠嗢没斯至厚，恐诫直之徒心怀疑怨。……

又《赐回鹘可汗书》谓"石诫直久在京城，备知仁心"云云。是石诫直当为一回鹘首领，其家久居长安。会昌时，回鹘势力已及西域，其部族中不少昭武九姓胡人，则石福庆、石诫直辈当俱是臣服回鹘之昭武九姓胡，其流寓长安应在文宗、武宗之际也。[1]

大中初，教坊又有石宝山，善弄婆罗门——弄婆罗门或作

---

[1] 《论译语人状》见《李文饶集》卷十五（《四部丛刊》本），作于会昌二年（公元八四二年）正月十日；《论回鹘石诫直状》见同书卷十四，作于会昌二年八月十八日；《赐回鹘可汗书》见同书卷五。又同书卷十三《论田牟请许党项雠复回鹘嗢没斯部落事状》有回鹘安孝顺之名，此安孝顺疑亦是昭武九姓中之安国人，而足以为德宗时张光晟所杀九姓胡即昭武九姓之又一证明也。

婆罗门舞,即霓裳羽衣舞。此石宝山,或亦如曹氏、米氏,源出石国也欤[1]?

米氏 昭武九姓之米国即《西域记》之弭秣贺。邓名世谓西域米国胡人入中国者因以为氏。唐代宪宗、穆宗两朝著名之国乐米嘉荣及其子米和(一作米和郎,又作米莱加),皆西域人;桑原氏文已详言之。太和初,教坊又有米禾稼、米万槌,善弄婆罗门,《通考》归之于龟兹部,与曹婆罗门并称。米禾稼、米万槌,当亦是米国胡人,在长安为国乐,而与米嘉荣、米和辈或属同族也。

昭武九姓中,安、曹、史、米诸国并信奉火祆教。唐代火祆教传入长安,东来开教者遂亦有米国人。最近长安出土米萨宝墓志,萨宝为火祆教教职,米萨宝即米国人。墓志作《唐故米国大首领米公墓志铭》。志文有云:

公讳萨宝,米国人也。

其为米国胡人,无复可疑。米萨宝以天宝元年(742年)二月十一日卒于长安县崇化里,春秋六十有五。其在中国火祆教史之地位,本篇后更有说。其人或系流寓长安之一火祆教长也。

温庭筠《乾䑃子》曾记长安胡人米亮事[2]。谓亮工于览玉,助窦乂致富,后遂居于崇贤里。米亮既是胡人,必出昭武九姓中之米国。唯《乾䑃子》本小说家言,则米亮之是否为历史的人物,盖难言也。

何氏 西域何国人,入中国姓何氏。唐以前何姓之西域人,

---

[1] 见《乐府杂录》俳优条。
[2]《太平广记》卷二百四十三窦乂条引。

桑原氏文曾指出隋代发明琉璃之何稠一家。又以唐中宗景龙四年（710年）圆寂于长安荐佛寺之西域僧伽大师俗姓何氏，桑原氏据《太平广记》引《僧伽大师事迹》，疑其与何国或有关系云云。今按《宋高僧传·僧伽传》已明言其为何国人。《传》云：[1]

> 释僧伽者，葱岭北何国人也。自言俗姓何氏，亦犹僧会本康居国人，便命为康僧会也。然合有胡梵姓名，名既梵音，姓涉华语。详其何国，在碎叶国东北，是碎叶附庸耳。

僧伽卒于景龙四年，年八十三，《传》称其"在本国三十年，化唐土五十三载"，是僧伽之入中土，盖在高宗显庆二年（657年）左右也。

又按姚宽《西溪丛语》卷下论《牧护歌》一条有云：

> 至唐贞观五年，有传法穆护何禄将祆教诣阙闻奏。敕令长安崇化坊立祆寺，号大秦寺，又名波斯寺。

或以宋敏求《长安志》崇化坊并无祆寺，亦无波斯寺，因疑何禄其人为子虚乌有，姚宽盖因贞观九年（635年）阿罗本传景教而误[2]。此说证以近出之米萨宝墓志，可知其不然，而何禄之为实有其人，亦因此而加强其证据。此何禄亦必是西域何国人也。本篇后更有说，兹不详赘。

余在长安，于碑估段姓处见何知猛墓志铭拓本一份，文有

---

[1] 《宋高僧传》卷十八。《全唐文》卷二百六十三李邕撰《大唐泗州临淮县普光王寺》碑亦谓僧伽"和尚之姓何，何国人"云云。
[2] 陈垣《火祆教入中国考》，见北京大学《国学季刊》一卷一号。

"望重起于西河"之语,当亦是西域人,唯其流寓之地及葬处俱不明,是否亦曾流寓长安,不敢遽决。

又洛阳出土有何摩诃墓志铭,志文云:

> 君讳摩诃,字迦,其先东海剡人也。因官遂居姑臧太平之乡。……曾祖瞻,齐为骠骑……祖陁,梁充校尉……父底,隋授仪同。……惟君不以冠缨在念,轩冕留心,惩襟定水之前,栖志禅林之上。……以调露二年二月十六日遘疾卒于洛阳界嘉善之私第也。春秋五十有一。……

何摩诃一家之迁徙亦太离奇:由东海以迁于姑臧,由姑臧复回于中夏,而祖孙父子之名俱带外国风味,其为外国人,大部分可信也。摩诃信教,其信何教不可考,总疑非佛教也。

波斯诸国胡人 唐时波斯商胡懋迁往来于广州、洪州、扬州、长安诸地者甚众,唐人书中时时纪及此辈。本篇论《西市胡店与胡姬》一节,对于长安以及长安以外波斯诸国商胡略有叙述,兹唯将波斯诸国胡人姓名彰彰可考者次叙所知如下。

唐时流寓长安之波斯人,最显赫者自推波斯萨珊王朝(Sassan)后裔卑路斯(Firuz)及其子泥涅斯(Narses)二人。卑路斯为伊嗣俟(Isdigerd)子。伊嗣俟为大酋所逐,奔吐火罗,中道为大食所杀。卑路斯穷无所归,咸亨间乃至中国,客死长安。长安醴泉坊之波斯胡寺,即卑路斯请立以处波斯人者。子泥涅斯志图恢复,调露初因唐之助,终未能果;景龙二年(708年)复返长安,埋骨中土。此为客死长安之名波斯人也。其在洛阳者,有景云元年(710年)逝世之波斯国酋长阿罗憾及其子俱罗。阿罗憾父子,桑原氏疑其为犹太人,原为景教徒。关于此辈,可参看桑原氏文,毋待辞费。今按隋末尚有讳彻字姞旺者亦波斯人,祖各志,父若多志(?);于大业十二年(616年)三月十日卒于洛阳。墓志出土失去其盖,故名存姓佚。志文有云:

> 君讳彻,字姞旺,塞北突厥人也。……侠侄之苗胄,波斯之别族。……

此盖波斯部族之臣于突厥者,是以志文云尔也。

又按开元十三年(725年)及十八年(730年),波斯首领穆沙诺曾两度来朝,授折冲,留宿卫。唐代留宿卫之外国酋长亦有久留不去者,如前论于阗尉迟氏之尉迟胜是也。亦有留数月而即遣归者,如于阗王伏阇信及其子叶护玷是也。穆沙诺于开元时两度入唐,其亦如伏阇信之例,暂居而即遣归也欤?

开元初,又有吐火罗叶护那都泥利弟仆罗者,于神龙元年(705年)授左领军卫翊府中郎将,十四年不迁,愤其苦屈,上书自诉①。据《唐书·百官志》,左右领军卫同左右卫,亦掌宫禁宿卫,分兵主守则知皇城西面助铺及京城苑城诸门。仆罗当亦系外国质子,入留宿卫至十余年;其曾流寓长安,可知也。

天宝七载(748年),勃律国王苏失利芝及三藏大德僧伽罗蜜多并来朝;伽罗蜜多放还蕃,苏失利芝赐紫金袍金带,留宿卫给官宅。八载,护密国王罗真檀来朝,授左武卫将军,十四载陁拔国王子自会罗来朝,授右武卫员外中郎将,赐紫

---

① 《全唐文》卷九百九十九,《仆罗诉授官不当上书》有云:"但在蕃王子弟婆罗门瞿昙金刚龟兹王子白孝顺等皆数改转,位至诸卫将军。仆罗最是大蕃,在神龙元年蒙恩敕授左领军卫翊府中郎将,至今经十四年,久被沦屈,不蒙准例授职,不胜苦屈之甚。"是此书当上于玄宗开元六年(718年)也。

袍金带鱼袋七事；二人并留宿卫。按勃律即今巴尔蒂斯坦（Baltistan），护密为瓦罕（Wakhan），陁拔则今塔巴里斯坦（Tobaristan）地方。凡此诸人疑俱暂留长安即放还蕃也[①]。至于桑原氏文中所举宣宗大中时之大食人李彦升，以进士第名显，然其至长安以后之行踪，今不可考。

太宗贞观九年景教僧阿罗本至长安，于义宁坊立大秦寺，是为景教入中国之始。德宗建中二年（781年）复立《大秦景教流行中国碑颂》，以颂扬伊斯。碑书以汉文，两侧镌叙利亚文，记大秦僧名七十人。所谓大秦国上德阿罗本者，当是罗马东徼（RomanOrient）之人。据碑文，圣历、先天之际，有景教僧首罗含、大德及烈，"并金方贵绪"，则亦是中亚人，说者以为碑文上之及烈（Gabriel）即开元二年与市舶使周庆立广造奇器异巧以进之波斯僧及烈。据碑末叙利亚文，及烈乃总摄长安（Khumdan）、洛阳（Sarag）两地景众之主教，罗含亦即为Abraham之对音。而大施主伊斯则"远自王舍之城，聿来中夏"。据碑末叙利亚文，伊斯即为 Izdbuzid 一名译音，盖即吐火罗斯坦（Tahuristan）地方王舍（Balkh）城故景教僧珉瓈（Milis）之子。而述此碑之大秦寺僧景净，叙利亚文名 Adam，为震旦法主。贞元二年（786年）景净曾与般若三藏依胡本《六波罗蜜经》译成七卷，"时为般若不闲胡语，复未解唐言；景净不识梵文，复未明释教。虽称传译，未获半珠"。圆照《贞元新定释教目录》称景净为"大秦寺波斯僧"；则景净确为伊兰血统之中亚人。景教碑中上述诸中亚人，当俱属长安寓公。叙利

[①] 穆沙诺、苏失利芝、罗真檀、自会罗诸人入唐纪载，并见《册府元龟》卷九百七十五。

亚文人名中具伊兰风者尚有数人，唯彼等是否俱属长安大秦寺僧，为中亚人，抑属中国教徒模仿，今难具考矣[①]。

三　西市胡店与胡姬

自张骞凿空以后，陆路方面，敦煌一隅绾毂中西之交通；海路通西域则率取道徐闻、合浦。广州之成为中西交通要地，当在汉末以后；中国之政治中心既形分裂，孙权建国江南，从事经营海上，乃有康泰、朱应宣化海南诸国之举。自是以后，广州遂为中西海上交通之重镇，六朝时广州刺史但经城门一过，便得三千万，其富庶可想矣。唐代广州犹为中西海上交通之唯一要地。泉州、明州、漱浦兴于唐末以及北宋，华亭、太仓之兴则又为元明以后之事。

唐代商胡大率麇聚于广州。广州江中"有婆罗门、波斯、昆仑等船，不知其数，并载香药珍宝，积载如山。其舶深六七丈，师子国、大石国、骨唐国、白蛮、赤蛮等往来居住，种类极多"[②]。是以黄巢攻陷广州，犹太教、火祆教以及伊斯兰教、景教等异

[①] 关于景教碑之考证，可参看佐伯好郎著《景教碑文研究》（日文本及英文本），A. C. Moule: *Christians in China before the Year* 1550, pp.27—52。佐伯氏近著《大秦寺所在地考》，别有新解，说见本篇第七节。

[②] 元开撰《唐大和上东征传》（日本古典保存会景印古卷子本）。

国教徒死者至十二万人①。唐代由广州向中原,大都取道梅岭以入今江西,而集于洪州;故《太平广记》中屡及洪州之波斯胡人②。至洪州后,或则沿江而下取道大江,或则东趣仙霞,过岭循钱塘江而东以转入今日之江苏。大江道远,风涛险恶,因是南下或北上者多取钱塘一道;不唯富春江上风景清幽,足供留连,旅途实亦较大江为平安也。至江苏后则集于扬州,由此转入运河以赴洛阳。是以扬州之商胡亦复不少,田神功大掠扬州,大食、波斯商胡死者竟至数千人。③由洛阳然后再转长安。故唐代之广州、洪州、扬州、洛阳、长安,乃外国商胡集中之地也。

天宝乱后,回鹘留长安者常千人,九姓商胡冒回鹘名杂居者又倍之,此九姓胡是昭武九姓,说已见前。前引《通鉴·代宗纪》谓此辈"殖赀产,开第舍,市肆美利皆归之"。《德宗纪》亦谓"代宗之时,九姓胡常冒回纥之名,杂居京师,殖货纵暴,与回纥共为公私之患"。所谓殖赀产,当即《德宗纪》之"举质取利",盖此辈中最少当有一部分人营高利贷以为生也。贵

---

① 公元后第九世纪,阿拉伯人 Abu-zaid 曾综合各游历者之言,著成一书,其中述及一人于回历二六四年(877—878年)在广府亲睹此事。又谓有 Ibn wahab 者曾至 Khumdan(长安),谒见皇帝,皇帝示以耶稣骑驴与门弟子偕诸像云云。此书收入法国 E. Renaudot: *Anciennes Relations des Indes et de la Chine*,1718。此事见 E. Renaudot: *Ancient Accounts of India & China by two Mohammedan Travellers*, p.42, 1732;又见 Reinaud: *Relations des voyages faites par les Arabes*, pp.63—64, 1845。
② 《太平广记》卷四百二李灌条,卷四百三紫𩨨鞨条,卷四百四岑氏条,卷三百七十四胡氏子条,均及洪州商胡事。
③ 《新唐书》卷一百四十四《田神功传》。

显子弟亦有向彼等贷款者。穆宗长庆二年（822年）六月，右龙武将军李甚之子即因贷回鹘钱一万一千贯不偿，为回鹘所诉，甚遂被贬为宣州别驾。随诏禁与诸蕃客钱物交关。诏曰：①

> 如闻：顷来京城内衣冠子弟及诸军使并商人百姓等多有举诸蕃客本钱，岁月稍深，征索不得，致蕃客停滞市易，不获及时。方务抚安，须除旧弊，免令受屈，要与改更。自今以后，应诸色人宜除准敕互市外，并不得辄与蕃客钱物交关。委御史台及京兆府切加捉搦，仍即作条件闻奏。其今日已前所欠负，委府县速与征理处分。

中国质店制度，唐以后始盛，或者与此辈营高利贷之胡人有关，亦未可知也。

唐代西域各国胡人流寓长安，其居处自不限于一隅，然在城西者甚夥，而贾胡则似多聚于西市。段成式《寺塔记》平康坊菩萨寺条云：②

> 寺主元竟多识释门故事，云：李右座每至生日，常转请此寺僧就宅设斋。……斋毕，帘下出彩篚香罗帕籍一物，如朽钉，长数寸。……遂携至西市，示于商胡。商胡见之，惊曰："上人安得此物？必货此，不违价。"僧试求百千。胡人大笑曰："未也。"更极意言之，加至五百千。胡人曰："此值一千万。"遂与之。僧访其名，

---

① 《册府元龟》卷九百九十九《外臣部·互市》；诏文又见《全唐文》卷七十二。
② 《酉阳杂俎》续集卷五《寺塔记》上。

曰："此宝骨也。"

段氏《支动》又云：①

> 予幼时尝见说狼巾，谓狼之筋也。武宗四年……老僧贤泰云："泾帅段祐宅在招国坊，尝失银器十余事。贫道时为沙弥，每随师出入段公宅，段因令贫道以钱一千诣西市贾胡求狼巾。……"

《续玄怪录》记杜子春事，老者约子春于西市波斯邸，其辞云：②

> 明日午时，候子于西市波斯邸。

同书记刘贯词事亦谓：③

> 及岁余，西市店忽有胡客来。

《南部新书》云：④

> 西市胡人贵蚌珠而贱蛇珠，蛇珠者蛇所吐尔，唯胡人辨之。

皆云西市有贾胡及波斯邸，能辨识珠宝。而回鹘在长安，亦辄与西市商胡狼狈为奸。李肇《国史补》云：⑤

---

① 《酉阳杂俎》续集卷八。
② 《太平广记》卷十六杜子春引《续玄怪录》。
③ 《太平广记》卷四百二十一刘贯词引《续玄怪录》。
④ 钱易《南部新书》已。
⑤ 李肇《国史补》下。

> 回鹘常与摩尼议政，故京师为之立寺。其法日晚乃食，饮水而茹荤，不饮乳酪。其大摩尼数年一易，往来中国，小者年转江岭。西市商胡袤，其源生于回鹘有功也。

此段末句必有脱误，今按《通鉴·宪宗纪》元和十二年"二月辛卯朔遣回鹘摩尼僧等归国"。史炤注曰：

> 元和初，回鹘再朝献，始以摩尼至。摩尼至京师，岁往来，西市商贾颇与囊橐为奸。至是遣归国也。

史炤注正足以补《国史补》之讹脱，西市必多昭武九姓商胡，故回鹘可与囊橐为奸，殖货纵暴也。至于长安胡人之聚于西市，在唐初当已有之。刘肃《大唐新语》云：[①]

> 贞观中金城坊有人家为胡所劫者，久捕贼不获。时杨纂为雍州长史，判勘京城坊市诸胡尽禁推问。司法参军尹伊异判之曰："贼出万端，诈伪非一。亦有胡着汉帽，汉着胡帽；亦须汉里兼求，不得胡中直觅。请追禁西市胡，余请不问。……"俄果获贼。

此虽泛指西市居胡而言，然西市贾胡聚居，就以上所引诸文，已甚显然矣。

长安布政坊有胡祆祠；醴泉坊有安令节宅，波斯胡寺，祆祠；普宁坊祆祠；义宁坊有大秦寺，尉迟乐宅；长寿坊有唐尉迟敬德宅；嘉会坊有隋尉迟刚宅；永平坊有周尉迟安故宅；修德坊有李抱玉宅；群贤里有石崇俊宅；崇化坊有米萨宝宅及祆祠。

[①] 《大唐新语》卷九《从善》第十九。

所有西域传来新宗教之祠宇，以及西域人之家宅，多在长安城西部，祆祠唯东城清恭坊有之。中宗时，醴泉坊并有泼胡王乞寒之戏（解见后论《西域传来之绘画与乐舞》一节），足见其间为西域人聚居之所，故能有此胡戏。则西市之多胡店，其故似非偶然也[1]。

唐代流寓长安之西域人，其梗概已约见上述。此辈久居其间，乐不思蜀，遂多娶妻生子，数代而后，华化愈甚，盖即可称之为中国人矣。西域人东来长安，为数既如此之盛，其中自夹有不少之妇女在内，惜尚未发现何种文献，足相证明。唯唐人诗中屡屡咏及酒家胡与胡姬，如王绩《过酒家》诗云：[2]

　　有钱须教饮，无钱可别沽。来时常道贳，惭愧酒家胡。

是当时贾胡，固有以卖酒为生者也。侍酒者既多胡姬，就饮者亦多文人，每多形之吟咏，留连叹赏，如张祜《白鼻䯄》诗云：[3]

　　为底胡姬酒，长来白鼻䯄。摘莲抛水上，郎意在浮花。

李白天纵奇才，号为谪仙，篇什中道及胡姬者尤夥，如《前有樽酒行》云：[4]

　　琴奏龙门之绿桐，玉壶美酒清若空。催弦拂柱与君饮，

---

[1] 可参看韦述《两京新记》、徐松《唐两京城坊考》二书。
[2] 《全唐诗录》卷二。日本《佛教美术》第十五册有石田幹之助《长安汲古》之一《当垆之胡姬》一文，叙述綦详；本节关于长安胡姬，大率取材于是。
[3] 《全唐诗录》卷七十。
[4] 《李太白集》卷三（《四部丛刊》本）。

看朱成碧颜始红。胡姬貌如花,当垆笑春风。笑春风,舞罗衣,君今不醉将安归!

《白鼻䯀诗》云:[①]

> 银鞍白鼻䯀,绿地障泥锦。细雨春风花落时,挥鞭直就胡姬饮。

《醉后赠朱历阳》云:[②]

> 书秃千兔毫,诗裁两牛腰。笔纵起龙虎,舞曲拂云霄。双歌二胡姬,更奏远清朝。举酒挑朔雪,从君不相饶。

皆可见此天才诗人之狂欢也。当时长安,此辈以歌舞侍酒为生之胡姬亦复不少。如李白《送裴十八图南归嵩山》之一云:[③]

> 何处可为别,长安青绮门。胡姬招素手,延客醉金樽。……

青绮门即霸城门,日本石田幹之助氏以为即唐之春明门。杨巨源《胡姬词》云:[④]

> 妍艳照江头,春风好客留。当垆知妾惯,送酒为郎羞。香度传蕉扇,妆成上竹楼。数钱怜皓腕,非是不能愁。

---

① 《李太白集》卷六。
② 《李太白集》卷十三。
③ 《李太白集》卷十八。
④ 《全唐诗录》卷五十三。

词中"妍艳照江头"一语，疑指曲江头而言，是长安城东春明门至曲江一带，其间当有卖酒之胡家在也。李白《少年行》之二又云：①

　　五陵年少金市东，银鞍白马度春风。落花踏尽游何处，笑入胡姬酒肆中。

关于金市之解释，余亦同意于石田幹之助氏之说，以为系指长安之西市而言。长安胡店，多在西市，则其间有侍酒之胡姬，固亦至为近理者也。

四　开元前后长安之胡化

昔者汉灵帝好胡服，胡帐，胡床，胡坐，胡饭，胡箜篌，胡笛，胡舞；京城贵戚，皆竞为之。所谓上有好者下必有甚也。李唐起自西陲，历事周隋，不唯政制多袭前代之旧，一切文物亦复不闻华夷，兼收并蓄。第七世纪以降之长安，几乎为一国际的都会，各种人民，各种宗教，无不可于长安得之。太宗雄才大略，固不囿于琐微，而波罗毬之盛行唐代，太宗即与有力焉。开元、天宝之际，天下升平，而玄宗以声色犬马为羁縻诸王之策，重以蕃将大盛，异族入居长安者多，于是长安胡化盛极一时，此种胡化大率为西域风之好尚：服饰、饮食、宫室、乐舞、绘画，竞事纷泊；其极社会各方面，隐约皆有所化，好之者盖不仅帝王及一二贵戚达官已也。关于西域传来之绘画、乐舞、波罗毬，以及西亚新宗教，以下分别叙述，各有专论，兹唯刺取有关于

---

① 《李太白集》卷六。

官室、服饰、饮食诸端,在本节中予以陈说。

中国建筑自中印交通,佛教传入东土以后,当受有印度之影响。此以大同、龙门石窟雕刻上所表现之宫室构造,与印度阿旃陀(Ajanta)及珊齐(Sanchi)之壁画建筑互相比观,可以知之。至于采用西亚风之建筑当始于唐。唐玄宗曾起凉殿,虽在盛暑,座内含冻。《唐语林》记此云:[1]

> 玄宗起凉殿,拾遗陈知节上疏极谏。上令力士召对。时暑毒方甚,上在凉殿,座后水激扇车,风猎衣襟。知节至,赐坐石榻,阴霤沈吟,仰不见日,四隅积水成帘飞洒,座内含冻,复赐冰屑麻节饮。陈体生寒栗,腹中雷鸣,再三请起方许,上犹拭汗不已。陈才及门,遗泄狼籍,逾日复故。谓曰:"卿论事宜审,勿以己方万乘也。"

开、天之际,诸杨用事,安禄山赐宅亲仁坊,一时贵游竞饰第宅,争奇炫丽。而京兆尹王鉷谨事李林甫,复得玄宗宠任,尤为奢侈。其后以罪赐死,有司籍其第舍,数日不能遍,《唐语林》曾记其宅中自雨亭子云:[2]

> 武后以后,王侯妃主京城第宅,日加崇丽。天宝中,御史大夫王鉷有罪赐死,县官簿录鉷太平坊宅,数日不能遍。宅内有自雨亭子,檐上飞流四注,当夏处之,凛若高秋。又有宝钿井栏,不知其价,他物称是。……

鉷,两《唐书》有传(《旧唐书》卷一百五,《唐书》卷

---

[1] 《唐语林》卷四。
[2] 《唐语林》卷五。

一百三十四）。按《旧唐书·拂林国传》云：

> 至于盛暑之节，人厌嚣热，乃引水潜流上遍于屋宇。机制巧密，人莫之知。观者惟闻屋上泉鸣，俄见四檐飞溜，悬波如瀑，激气成凉风，其巧如此。

玄宗凉殿，"四隅积水成帘飞洒，座内含冻"。王铁自雨亭子亦复"檐上飞溜四注，当夏处之，凛若高秋"。与《拂林传》所述俱合，当即仿拂林风所造。清乾隆时圆明园中水木明瑟，"用泰西水法引入室中，以转风扇，泠泠瑟瑟，非丝非竹；天籁遥闻，林光逾生净绿"。所谓凉殿与自雨亭子，或即后世水木明瑟之类耳。

胡服之入中国，为时甚古，王国维先生《胡服考》言之綦详：惠文冠具带履靴，上褶下袴；隋唐以后，更趋窄小。此盖由于战术变更，由车战而易为骑战，故不得不然也。唐代所谓法服多参戎狄之制。长安因外国人麇集其间，汉人胡服者不少，本篇第三节引刘肃《新语》尹伊判谓"胡着汉帽，汉着胡帽"，此可为贞观初长安汉人已行胡帽之证。贞观十七年（643年），太宗子承乾以谋逆废为庶人，徙黔州。《新唐书·承乾传》谓其：

> 又使户奴数十百人习音声学胡人，椎髻剪彩为舞衣，寻橦跳剑，鼓鞞声通昼夜不绝。……又好突厥言及所服。选貌类胡者被以羊裘辫发。五人建一落，张毡舍，造五狼头纛，分戟为阵，系幡旗设穹庐，自居，使诸部敛羊以烹，抽佩刀割肉相啖。承乾身作可汗死，使众号哭，剺面奔马环临之。忽复起曰："使我有天下，将数万骑到金城，然后解发，委身思摩当一设，顾不快邪！"

或以此为李唐出于蕃姓之证[①]，其然否不敢断言。唯贞观五年突厥平，从温彦博议，移其族类数千家入居长安，承乾之好突厥言、突厥服，大约系有见于流寓长安之此辈，因而心生欣羡，为所化耳。所谓"习音声学胡人""椎髻"云云，俱指仿效西域妆饰而言，故史文特为析明，不与突厥淆混也。

《教坊记》又云：

> 坊中诸女以气类相似，约为香火兄弟，每多至十四五人，少不下八九辈，有儿郎聘之者，辄被以妇人称呼：即所聘者，兄见呼为新妇，弟见呼为嫂也。……儿郎既聘一女，其香火兄弟多相奔，云学突厥法，又云我兄弟相怜爱，欲得尝其妇也。主者知亦不如，他香火即不通。

此皆因当时突厥势盛，长安突厥流民又甚多，以至无形之间，习俗亦受其影响也。

隋及唐初，宫人骑马，多著羃䍦。永徽以后，皆用帷帽。开元初遂俱用胡帽，民间因之相习成风。《旧唐书·舆服志》纪之云：

> 武德、贞观之时，宫人骑马者依齐隋旧制，多著羃䍦，虽发自戎夷，而全身障蔽，不欲途路窥之。王公之家亦用此制。永徽之后，皆用帷帽，拖裙到颈，渐为浅露。寻下敕禁断，初虽暂息，旋又复旧。咸亨二年又下敕曰："百官家口，咸预士流，至于衢路之间，岂可全无障蔽？比来多著帷帽，遂弃羃䍦，曾不乘车，别坐檐子，递相仿效，

[①] 刘盼遂《李唐为蕃姓考》（见《女师大学术季刊》第一卷第四期）。

浸成风俗，过为轻率，深失礼容。……理须禁断。自今已后，勿使更然。"则天之后，帷帽大行，羃䍦渐息。中宗即位，宫禁宽弛，公私妇人，无复羃䍦之制。开元初从驾宫人骑马者皆著胡帽，靓妆露面，无复障蔽。士庶之家又相仿效，帷帽之制，绝不行用。俄又露髻驰骋，或有著丈夫衣服靴衫，而尊卑内外斯一贯矣。……开元来……太常乐尚胡曲，贵人御馔尽供胡食，士女皆竟衣胡服；故有范阳羯胡之乱，兆于好尚远矣。

姚汝能亦谓：[①]

> 天宝初，贵游士庶好衣胡服为豹幅，妇人则簪步摇。衣服之制度，襟袖窄小，识者窃怪之，知其戎矣。

此种胡服之好尚，自以两京为特盛，故元稹诗有"自从胡骑起烟尘，毛毳腥膻满咸洛。女为胡妇学胡妆，伎进胡音务胡乐"之叹。羃䍦，马缟以为"类今之方巾，全身障蔽，缯帛为之"[②]。此亦是西戎之服，《隋书·附国传》：

> 其俗以皮为帽，形圆如钵；或带羃䍦。

《旧唐书·吐谷浑传》：

> 男子通服长裙缯帽，或戴羃䍦。

白兰国与吐谷浑同，其男子亦服长裙帽，或戴羃䍦。马缟谓象

[①] 姚汝能《安禄山事迹》下（《藕香零拾》本）。
[②] 马缟《中华古今注》卷中。

方巾,大约乘马之时,以大幅方布被体,以蔽全身。乘舆或坐檐子,则幂䍦不适于用。

幂䍦可以障蔽全身,而帷帽则只拖裙到颈以下,较为浅露。案帷帽即吐谷浑男子所服之长裙缯帽,吐火罗人所著之长裙帽,原为西域之服。郭思《画论》谓:[1]

> 帷帽如今之席帽,周回垂网。

《事物原始》云:[2]

> 帷帽创于隋代,永徽中拖裙及颈。今世士人往往用皂纱全幅缀于油帽或毡笠之前,以障风尘,为远行之服,盖本于此。

马缟云:[3]

> 席帽本古之围帽也。男女通服之,以韦为之。四周垂丝网之,施以珠翠,丈夫去饰。

吐谷浑、吐火罗之长裙帽,其所谓长裙即帽下之垂网也。永徽以前之帷帽犹裙长过颈。永徽以后,渐行短缩,所短缩者当为帽下称为长裙之一部分。近来出土唐代陶俑,其中有一种女俑,即戴帷帽。余所藏洛阳、长安两地出土唐代女俑,多戴帷帽,今摄制数图附后,以资参考(参看本篇所附第一图及第二图)。又日本原田淑人著《唐代之服饰》所附图版一二之第三图及图

---

[1] 《格致镜原》卷十四《冠服类》二《帽》引。
[2] 同上引。
[3] 《中华古今注》卷中。

版一三之第一图即为戴帷帽之女俑。图版一二第三图之背面像，尚可见条纹痕迹，马缟所云"四周垂丝网之"当即是此，唯前面一部分须将面部露出，并非四围障蔽耳。

胡帽，在初唐时长安即有戴之者，前引刘肃《新语》，可以为证。胡腾舞舞人戴虚顶织成蕃帽，柘枝舞舞人亦戴卷檐虚帽（参看本篇论《西域传来之画派与乐舞》一节）。近来出土唐代陶俑，胡人像甚多，所谓胡帽，于此可以考见梗概。中有一种胡人，其帽卷檐上锐，所谓卷檐虚帽当即此类（参看本篇所附第二图5）。

唐代宫人又有为回鹘装者。花蕊夫人《宫词》云：[1]

  明朝腊日官家出，随驾先须点内人。回鹘衣装回鹘马，就中偏称小腰身。

唐代长安对于外国风尚之变迁，每因政治关系而转移。回鹘装束之行于长安，当在安史乱后，正如香山居士所云之时世妆，其盛乃元和时事也。

案吐火罗人著小袖袍小口袴，大头长裙帽。波斯丈夫剪发戴白皮帽，贯头衫，两厢延下关之，并有巾帔，缘以织成；妇人服大衫，披大帽帔[2]。长裙帽即帷帽。"贯头衫，两厢延下关之"，或者与德国勒柯克（Le Coq）在高昌所发见壁画中人物之像相近似。巾帔或即肩巾，大帽帔必是羃羅无疑也[3]。

---

[1]《全唐诗》第十一函第十册。所谓回鹘装，与 Von Le Coq: *Chotscho* 第三十图 b 女像所服者或者近似。末二语盖形容其窄小耳。

[2]《册府元龟》卷九百六十一。

[3] Von Le Coq: *Chotscho* 第七图 a 及第二十八图诸像，折襟及贯头衫，于此可以见之。第四十六图 e 右方二女像，肩上所披，当是巾帔也。

唐代盛行长安之胡服，不知果何所似？唯刘言史《观舞胡腾》诗有"细氎胡衫双袖小"之句，李端《胡腾儿》诗云"拾襟搅袖为君舞"，张祜《杭州观舞柘枝》诗亦云"红罨画衫缠腕出"，皆形容双袖窄小之辞，与姚汝能所云襟袖窄小之言合。证以近出诸唐代女俑及绘画，所谓襟袖窄小，尤可了然（参看本篇所附第一、第二、第三等图）。其音声队服饰尤与波斯风为近[1]。则唐代所盛行之胡服，必有不少之伊兰成分也。陶俑中着折襟外衣鞠靴者亦不少。唐代法服中有六合靴，亦是胡服，为文武百僚之服，日本正仓院有乌皮六缝靴，足征唐制[2]。

白居易《时世妆》云：[3]

> 时世妆，时世妆，出自城中传四方。时世流行无远近，腮不施朱面无粉。乌膏注唇唇似泥，双眉画作八字低。妍蚩黑白失本态，妆成尽似含悲啼。圆鬟无鬓堆髻样，斜红不晕赭面状。……元和妆梳君记取，髻堆面赭非华风！

《新唐书·五行志》谓：

---

[1] 参看滨田耕作《支那古明器泥象图说》上卷二五页。日本田中传三郎编辑《波斯印度古代画集》收有帖木儿派（Timausid）青楼游乐图，女伎服饰衣袖与唐代音声队奇似，可见此种服饰所受伊兰之影响也。又 M. A. Stein: *The Thousand Buddhas* 第十图阿弥陀佛左下角之供养女像与第三十四图佛在鹫峰说法图左下角之供养女像，衣袖俱极长而窄，第三十四图女像并有肩巾，大可以见唐代女子胡服之概。相传为唐宣宗才人仇氏墓亦发见泥俑甚多，其中女像衣饰与敦煌画及波斯服俱相似。又有着折襟胡服之男像。此种服饰当曾盛行于长安也。
[2] 参看原田淑人《唐代之服饰》二八页至二九页。
[3] 《白氏长庆集》卷四。

>元和末，妇人为圆鬟椎髻，不设鬟饰，不施朱粉，惟以乌膏注唇，状似悲啼者。……唐末，京都妇人梳发，以两鬓抱面，状如椎髻，时谓之抛家髻。

赭面是吐番风，堆髻在敦煌壁画及西域亦常见之①。此种时妆或亦经由西域以至于长安也。（参看本篇所附第四图）

开元以后，贵人御馔，尽供胡食。所谓胡食之种类可于慧琳书见之。慧琳释䭔䬧云：②

>此油饼本是胡食，中国效之，微有改变，所以近代亦有此名。诸儒随意制字，元无正体，未知孰是。胡食者即饆饠、烧饼、胡饼、搭纳等是。

汉魏以来，胡食即已行于中国，至唐而转盛。至德元载安史之乱，玄宗西幸，仓皇途路，至咸阳集贤宫，无可果腹，亦以胡饼充饥。《通鉴·玄宗纪》云：

>日向中，上犹未食，杨国忠自市胡饼以献。

胡三省注曰：

>胡饼今之蒸饼。高似孙曰：胡饼言以胡麻著之也。崔鸿《前赵录》石虎讳胡，改胡饼曰麻饼。《细素杂记》曰：有鬻胡饼者不晓名之所谓，易其名曰炉饼；以为胡人所啗，

---

① M. A. Stein: *Serindia*, vol.IV 第六十八图张佛奴供养佛像，佛座两旁侍女之头髻，又 *The Thousand Buddhas* 第三十八图引路菩萨后随女像之头髻，疑俱是所谓堆髻也。
② 慧琳《一切经音义》卷三十七《陀罗尼集》第十二。

故曰胡饼也。

是胡饼可名麻饼,亦曰炉饼。饼中并可着馅。《清异录》云:①

> 汤悦逢士人于驿舍。士人揖食,其中一物是炉饼,各五事,细味之,馅料互不同。以问,士人叹曰:"此五福饼也。"

唐代长安盛行此饼,日本僧圆仁入唐,在长安及见之,其言曰:②

> 开成六年正月六日,立春,命赐胡饼寺粥。时行胡饼,俗家皆然。

此种胡饼,疑系西域各国常食,或即今日北方通行之烧饼。至于唐代之烧饼与今日之烧饼不同,其显著之别即在不著胡麻。《齐民要术》有作烧饼法云:③

> 面一斗,羊肉二斤,葱白一合,豉汁及盐熬令熟,灸之。面当令起。

唐代作烧饼法,与贾氏所云当不相远也。

䊦䴷,源顺《和名类聚钞》作䊦䴷,音部斗,亦作餢𩚴,谓为油煎饼④。大约即《齐民要术》中之餢𩜋也。《要术》记

---

① 《格致镜原》卷二十五《饮食类·饼》引。
② 圆仁《入唐求法巡礼行记》第三。
③ 《齐民要术》卷九《饼法》(《四部丛刊》本)。
④ 《和名类聚钞》卷十六第十四页(《日本古典全集》本)。

其作法云：①

>盘水中浸剂，于漆盘背上，水作者省脂，亦得十日软，然久停则坚。干剂于腕上手挽作勿著勃入，脂浮出即急翻，以杖周正之。但任其起，勿刺令穿，熟乃出之。一面白，一面赤，轮缘亦赤，软而可爱，久停亦不坚。若待熟始翻杖刺作孔者，泄其润气，坚硬不好。法须瓮盛，湿布盖口，则常有润泽，甚佳，任意所便，滑而且美。

此种油煎饼，日本至今有之。②

《资暇录》述饆饠之得名云：③

>毕罗者，蕃中毕氏、罗氏好食此味。今字从食，非也。

或以为安国西百余里有毕国（Bikand），其人常至中土贸易④。故疑所谓饆饠者，因其来自毕国等地，遂以为名耳。杨慎云：⑤

>《集韵》，饆饠脩食也。按小说，唐宰相有樱笋厨，食之精者有樱桃饆饠。今北人呼为波波，南人讹为磨磨。

《青箱杂记》谓饼一名饆饠⑥。按升庵诸人之言近于臆说。饆饠

---

① 《齐民要术》卷九《饼法》。
② 孙楷第《谈谈日本煎饼》（北平图书馆《读书月刊》第一卷第八号）。
③ 《格致镜原》卷二十五《饮食类·饆饠》引。
④ 参看桑原隲藏氏《隋唐时代来住中国之西域人》，博士手校增补拔刷本八五页至八六页。
⑤ 《格致镜原》卷二十五《饮食类·饆饠》引。
⑥ 《格致镜原》卷二十五《饮食类·饆饠》引。

既非波波，亦非磨磨，或因毕国得名，乃是今日中亚、印度、新疆等处伊斯兰教民族中所盛行之抓饭耳。抓饭印度名 pilau，亦作 pilow, piláf，英国 H. Yule 及 A. C. Burnell 所著 Hobson-Jobson, pp.710—711 述此甚详，与波波、磨磨截然二事。饆饠盖纯然为译音也。唐代长安亦有之，且有专售此物之毕罗店，一在东市，一在长兴里，俱见段成式《酉阳杂俎》。唐代卖毕罗亦以斤计，唯其中置蒜，以较今之毕罗，不知其异同为何如也[1]？

搭纳不知是何物，待考。

有唐一代，西域酒在长安亦甚流行。唐初有高昌之葡萄酒，其后有波斯之三勒浆，又有龙膏酒，大约亦出于波斯，俱为时人所称美。西市及长安城东至曲江一带，俱有胡姬侍酒之酒肆，李白诸人尝买醉其中。金樽美酒，其有不少之异国情调，盖不待言也。高昌葡萄酒于太宗平定高昌后始入中国。《册府元龟》纪此云：[2]

> 及破高昌，收马乳蒲桃实于苑中种之，并得其酒法。帝自损益，造酒成凡有八色，芳辛酷烈，味兼缇盎。既颁赐群臣，京师始识其味。

西域如大宛、龟兹诸国之葡萄酒，汉魏以来，中国即已知之[3]。唯在中土用西域法仿制之西域酒，要当始于太宗耳。

李肇记当时天下名酒有云：[4]

---

[1]俱见《酉阳杂俎》续集卷一《支诺皋》上。
[2]《册府元龟》卷九百七十《朝贡》三。
[3]参见《晋书·吕光载记》，又《本草衍义》卷十八葡萄条引李白诗"胡人岁献葡萄酒"。又参看 B. Laufer: Sino-Iranica, pp.220—245。
[4]《国史补》卷下。

> 酒则有……京城之西市腔，虾蟆陵郎官清、阿婆清。又有三勒浆类，酒法出波斯。三勒者，谓庵摩勒、毗梨勒、诃梨勒。

庵摩勒梵文作 ámalaka，波斯文作 amola；毗梨勒梵文作 vibhitaka，波斯文作 balila；诃梨勒梵文作 harītaki，波斯文作 halila[①]。据《旧唐书·波斯传》，波斯产诃梨勒。三勒浆当即以此三者所酿成之酒耳。诃梨勒树，中国南部亦有之。鉴真至广州大云寺，曾见诃梨勒树，谓：[②]

> 此寺有诃梨勒树二株，子如大枣。

广州法性寺亦有此树，以水煎诃梨勒子，名诃子汤。钱易云：[③]

> 诃子汤：广之山村皆有诃梨勒树。就中郭下法性寺佛殿前四五十株，子小而味不涩，皆是陆路。广州每岁进贡，只采兹寺者。西廊僧院内老树下有古井，树根蘸水，水味不咸。僧至诃子熟时，普煎此汤以延宾客。用诃子五颗，甘草一寸，并拍破，即汲树下水煎之。色若新茶，味如绿乳，服之消食疏气，诸汤难以比也。佛殿东有禅祖慧能受戒坛，坛畔有半生菩提树。礼祖师、啜乳汤者亦非俗客也。近李夷庚自广州来，能煎此味，士大夫争投饮之。

法性寺，《岭南异物志》作德信寺，陆路即六路，六棱也。三

[①] 参看 B. Laufer: *Sino-Iranica*，p.378。
[②]《唐大和上东征传》。
[③] 钱易《南部新书》庚。

勒酒中之诃梨勒酒，其酿法或煎法是否亦如诃子汤，今无可考。

依高昌法制之葡萄酒及波斯法之三勒浆，当俱曾流行于长安市上。顺宗时又有龙膏酒，亦出西域，如其果有此物，疑是西域所贡，藏于天府，人间无从得而尝也，苏鹗云：①

> 顺宗时处士伊祈玄召入宫，饮龙膏酒，黑如纯漆，饮之令人神爽。此本乌弋山离国所献。

按乌弋山离即 Alexandria 一字之对音，为前汉时西域一国家，至唐久不存，何得于唐代东来贡献？苏鹗所记或系小说家之谰言耳。

长安、洛阳两地出土之古镜甚多，其中有一种上镌海兽、海燕以及葡萄花纹者，最为精美。前人称此种古镜为海马葡萄镜，以之属于汉镜一类，近始知其为唐镜。海马葡萄花纹图案，传自西域，以之铸镜，唐代始盛；是亦唐代两京盛行西域文明中之一小例也（参看本篇所附第五图）。

唐开元前后，西域文明之流布于长安，除上述而外，西域式之镫彩，似亦曾一度为长安人士所笃好。张说有《十五日夜御前》《口号踏歌辞》二首，其辞云：②

> 花萼楼前雨露新，长安城里太平人。龙衔火树千镫艳，鸡踏莲花万岁（龙池草堂本《张说之文集》作树）春。
>
> 帝宫三五戏春台，行雨流风莫妒来。西域镫（龙池草堂本作登）轮千影合，东华金阙万重开。

---

① 苏鹗《杜阳杂编》卷中。
② 《张说之文集》卷十（《结一庐丛书》本）。

今按张鷟《朝野佥载》曾纪睿宗时一事云：①

> 睿宗先天二年正月十五、十六夜，于京师安福门外作灯轮高二十丈，衣以锦绮，饰以金玉，燃五万盏灯，簇之如花树。宫女千数，衣罗绮，曳锦绣，耀珠翠，施香粉。一花冠，一巾帔，皆万钱；装束一妓女皆至三百贯。妙简长安、万年少女妇千余人，衣服花钗媚子亦称是，于灯轮下踏歌三日夜；欢乐之极，未始有之。

张说诗疑即咏此。鷟书之灯轮，当即说诗之西域镫轮也。开元以后元夕玩灯遂成故实，其中果夹有若干之西域成分，今无从

---

① 《朝野佥载》卷三（《宝颜堂秘笈》本）。《旧唐书·睿宗纪》亦纪其大略云："先天二年春正月上元日，夜，上皇御安福门观灯，出内人连袂踏歌，纵百寮观之，一夜方罢。"《旧唐书·睿宗纪》又及同年二月一事云："初有僧婆随请夜开门燃灯百千炬，三日三夜。皇帝御延喜门观灯纵乐，凡三日夜。左拾遗严挺之上疏谏之，乃止。"此所谓僧婆随，就其名而言，应是西域人。其所燃灯，或即西域式之灯彩，与上元之西域灯轮疑有若干相同之点。而僧人婆随或即一火祆教徒，亦未可知也。又按《唐会要》卷九十九《吐火罗》条："麟德二年（乌泾波）遣其弟祖纥多献玛瑙灯树两具，高三尺余。"德国勒柯克所著 *Chotscho* 著录吐鲁番 Murtuq 第三洞入口处壁画灯树图，所谓西域灯轮或灯树，尚可于此见其势舞也。灯树图附著下方，以资参考。

得知。要之，其为睿宗时之流风余韵，大致或可决耳。

五　西域传来之画派与乐舞

中国自经魏晋之乱，咸、洛为墟，礼崩乐坏，汉儒所辛勤缀拾于秦火之余者，至是亦复归于散坠。祖孝孙所谓"陈、梁旧乐，杂用吴、楚之音；周、齐旧乐，多涉胡戎之技"，盖可见也。隋代宫商七声竟莫能通，于是不得不假借龟兹人苏祗婆之琵琶七调，而后七声始得其正。苏祗婆之七调：一曰娑陁力，二曰鸡识，三曰沙识，四曰沙侯加滥，五曰沙腊，六曰般赡，七曰俟利箑：其源盖出于印度，受西域之影响，而微有更易[1]。唐、宋以后之音乐，随处可见此七调之痕迹，此在中国音乐史上固应特予以注意者也。

魏晋以后，不唯中国音乐残失散缺，待外国乐入而复获一新生命，即在绘画方面，亦莫不然。中国画之理论，至谢赫创六法，始有可言。然公元后第三世纪，印度 Vatsyayana 亦创六法（Sadanga, or "Six Limbs of Indian Painting"），与谢赫之论

---

[1] 余旧为《龟兹苏祗婆琵琶七调考原》一文，原揭之《学衡》第五十四期（见本文集第二四七页至第二六九页），以苏祗婆七调为印度北宗音乐之一支：娑陁力调即 Shadja，般赡调即 Pănchama；苏祗婆所云之旦，即是 thāt。后于《小说月报》第二十卷第十号为《论唐代佛曲》（见本文集第二五七页至第二七九页），复申此说。近两年来先后得读法国 Sylvan Lévi 及伯希和诸氏文，始知旧说多疏。读者欲识苏祗婆七调梗概，应读 S. Lévi: Le "tokharien B", langue de Koutcha, Journal Asiatique, 1913, pp. 311—380（冯译《史地丛考》第一篇龟兹语考》），（转下页）

大致不殊，说者因疑谢氏有承袭之迹①。此说之当否姑不具论；要之，魏晋以后，中国画家受印度之影响，则极为显然：张彦远《历代名画记》记唐以前画家传代之作，画题带印度成分者约十居五六；而张僧繇画一乘寺，凹凸深浅，即为天竺之法，是可见矣。

　　魏、晋、六朝以来，因吕光平龟兹，得龟兹乐；北周突厥皇后亦携来不少之西域乐人。至隋而九部乐特盛；中国之雅乐，有若告朔之饩羊，盖不绝如缕耳。而西域乐人亦特见重于中土，北齐曹婆罗门一家、白智通、白明达、胡小儿、康阿驮、穆叔儿、安马驹等，率蒙当时人主宠幸，至有开府封王者，对于西域乐舞之倡导可谓至矣。于画则有曹仲达、僧吉底俱、僧摩罗菩提、僧伽佛陀（冯承钧先生见告，谓《续画品录》著录作释迦佛陀、吉底、俱摩罗菩提。伯希和假定以为原名或是释迦佛陀、佛陀吉底、俱摩罗菩提云云。伯氏说见一九二三年《通报》二一五至二九一页其所著 Notes sur quelque aristes des six dynasties et des T'ang）。大尉迟、昙摩拙叉诸人，亦复驰名后世。六朝以来之乐舞与绘画，几乎有以西域传来之新乐与新画风为主体之势，至唐遂臻于极盛之境。唐代乐舞除去西域传来者几无可言，绘画则较为著称之诸名家亦莫不与西来之文明有若干之渊源。关于此一方面之研究，非本篇所克述及。兹唯将有唐一代西域传来之画派与乐舞曾流行于长安者，比叙如次，以为言唐代与

（接上页）又一九三一年《通报》（T'oung Pao）第一第二期合刊九五页至一〇四页伯希和评《法宝义林》（Hôbôgirin, Dic-tionnaire encyclopedique dubouddhaismed'aprés les sources chinoises et japonaise）一文。

① 见 Percy Brown: *Indian Painting*, pp.20—21。

西域文明关系者之谈助而已。

唐初流寓长安之西域画家有康萨陁,善画异兽奇禽,千形万状。桑原氏谓萨陁当系康国人;就其姓与名而言,此说或可信也。此辈西域画家最有名者当推尉迟乙僧。乙僧父跋质那,人称大尉迟,张彦远以之归于隋代。两人俱系于阗国质子,说已见上。乙僧善画外国及佛像,说者以为"气正迹高,可与顾、陆为友",又谓其"外国鬼神奇形异貌,中华罕继";列于神品。其画传于今者甚少,有谓端方旧藏天王像乙僧笔,亦未能定也。乙僧画就载籍所及者言之,盖属于凹凸一派。朱景玄记乙僧画云:[1]

> 乙僧,今慈恩寺塔前功德,又凹凸花面中间千手眼大悲,精妙之状不可名焉。又光泽寺七宝台后面画降魔像,千态万状,实奇踪也。凡画功德人物花鸟皆是外国之物像,非中华之威仪。前辈云,尉迟、阎立本之比也。景玄尝以阎画外国之人未尽其妙,尉迟画中华之像抑亦未闻。由是评之,所攻各异,其画故居神品也。

长安宣阳坊奉慈寺普贤堂本天后梳洗堂,堂中有尉迟画,段成式云:[2]

> 普贤堂本天后梳洗堂,蒲萄垂实,则幸此堂。今堂中尉迟画颇有奇处。四壁画像及脱皮白骨匠意极岭。又变

---

[1] 朱景玄撰《唐朝名画录》。朱氏以乙僧与阎立德、立本、李思训、韩幹、张藻、薛稷并列,为神品下七人之一。
[2] 见《酉阳杂俎》续集卷六《寺塔记》下(《四部丛刊》本)。

形三魔女,身若出壁。又佛圆光均彩相错乱目成讲。东壁佛座前锦如断古标。又左右梵僧及诸蕃往奇。然不及西壁,西壁逼之摽摽然。

所谓"身若出壁","逼之摽摽然",皆形容其画俨然有立体之势也。汤垕亦云:①

> 尉迟乙僧外国人,作佛像甚佳。用色沈著,堆起绢素,而不隐指。

与乙僧同时,曾蜚声于长安画坛之吴道玄,其人物画亦受凹凸画派影响。其弟子有卢稜伽、杨庭光、翟琰之流。宋苏轼《书吴道子画后》云:②

> 道子画人物如以灯取影,逆来顺往,旁见侧出,横斜平直,各相乘除;得自然之数,不差毫末。

米芾述吴画云:③

> 苏轼子瞻家收吴道子画佛及侍者志公十余人,破碎甚,而当面一手精彩动人。点不加墨,口浅深晕成,故最如活。王防字元规家一天王,皆是吴之入神画。行笔磊落挥霍,如莼菜条圜润,折算方圆凹凸,装色如新。与子瞻者一同。

---

① 汤垕著《古今画鉴》。
② 《东坡题跋》卷五《书吴道子画后》。
③ 见《画史》。

汤垕述此最为明白,其辞云:①

> 吴道子笔法超妙,为百代画圣。早年行笔磊落挥霍,如莼菜条。人物有八面,生意活动,方圆平正,高下曲直,折算停分,莫不如意。其傅彩于焦墨痕中,略施微染,自然超出缣素。世谓之吴带当风。

米芾、汤垕诸人称述吴画之"□浅深晕成","其傅彩于焦墨痕中,略施微染,自然超出缣素"诸语,以近年敦煌、高昌所出诸绢画以及壁画勘之,便可了然。大率于线条以外,别施彩色,微分浅深:其凸出者施色较浅,凹入之处傅彩较深,于是高下分明,自然超出缣素矣。唐代长安寺院中小尉迟及道玄画壁甚夥,此种带凹凸风之人物,必不少也。

说者或谓凹凸画派传入中国,仅在人物画方面微受影响,山水画则仍以骨法为主干②。实则中国之山水画至吴道玄亦复起一大变局。张彦远论画山水树石云:③

> 魏晋以降名迹在人间者,皆见之矣。其画山水,则群峰之势若钿饰犀栉;或水不容泛,或人大于山,率皆附以树石,映带其地,列植之状,则若伸臂布指。详古人之意专在显其所长,而不守于俗变也。国初,二阎擅美匠学,杨、展精意宫观,渐变所附。尚犹状石则务于雕透,如冰澌斧刃;绘树则刷脉镂叶,多栖梧菀柳。功倍愈拙,不胜其色。

---

① 见《古今画鉴》。
② 见叶季英著《中国绘画之骨法与输入之凹凸法》(《金陵学报》第二卷第一期一六五页至一七〇页)。
③ 《历代名画记》卷一《论画山水树石》。

> 吴道玄者天付劲毫，幼抱神奥，往往于佛寺画壁纵以怪石崩滩，若可扪酌。又于蜀道写貌山水。由是山水之变始于吴，成于二李（李将军、李中书）；树石之状妙于韦鷗，穷于张通（张璪也）。

张氏所论唐以前画，今不可多见；唯摄山隋舍利塔八相成道图中之山水树石，以及敦煌诸六朝画，庶几近之，盖纯为一种平面描写。吴道玄山水，或者采用西域传来凹凸画之方法，是以怪石崩滩，若可扪酌，用能一新其作品面目也。

唐代洛阳亦有尉迟乙僧及吴道玄画，凹凸派之画风当及于其地。又按凹凸派画，虽云渊源印度，而唐代作家之受此影响，当由西域人一转手。尉迟乙僧父子以善丹青驰声上京，即其一证；而近年来西域所出绘画，率有凹凸画之风味，足见流传之概也[1]。

隋承周齐以来之旧，有九部乐；唐太宗平高昌，得其乐部，遂益为十部。所谓十部者：燕乐、清乐、西凉、天竺、高丽、龟兹、安国、疏勒、高昌、康国是也。此十部中复分为坐立二部，皆以琵琶为主要乐器。其后坐部伎转盛，据元稹《立部伎》诗注，当时太常选坐部伎无性识者退入立部伎，绝无性识者始退入雅乐部，则所谓秉承前休之雅乐，其衰亦可知矣！

唐代不唯九部乐仍隋旧制，据《唐书·礼乐志》，唐初所有燕乐伎乐工舞人，亦无变易。隋代乐府承周齐之遗，白明达诸人，大概即为周突厥皇后携来乐人之流裔，其后复臣于唐。

---

[1] 从 Von Le Coq: *Chotscho* 第四图 d 面部及第二十二图（《高昌壁画菁华》第三图）佛像面部，及 M. A. Stein: *Serindia*, vol.IV 第一百二十五图至第一百二十六图焉耆明屋（mingoi）壁画，可窥唐代凹凸画大概。

唐高祖之倾心胡乐当不下于隋炀帝，是以白明达、安叱奴之流以胡人俱跻显位。唐代乐府伶工遂多隶籍外国之世家。出于米国者有米嘉荣，嘉荣子和郎。后来又有米禾稼、米万槌，名见《乐府杂录》及《乐书》，以善弄婆罗门见称。虽未云其为米国人，而《文献通考》以之隶于龟兹部下，又其名亦与一般华名不类；故前疑为华化之米国人，与米嘉荣一家有若干关系。米氏而外，曹保一家，更为源远流长。曹保，保子善才，善才子纲俱以善琵琶著于当时。北齐曹婆罗门一家以善琵琶致显位，唐代曹保诸人或其后裔。其后又有曹触新、曹者素，当即曹保一家亦未可知。此两家者腾声誉于长安乐府，几与李唐一代共始终，亦可谓之深根固柢也矣。康姓者有康昆仑、康洒；安姓者有安叱奴、安万善、安辔新，大约即出于康国、安国。

唐代士大夫燕居之暇，大都寄情歌舞，留连风景。刘梦得有《与歌者米嘉荣》诗。曹氏一家，咏者尤多：白香山有《听曹刚琵琶兼示重莲》，《代琵琶弟子谢女师曹供奉寄新调弄谱》；李绅有《悲善才》；薛逢有《听曹刚弹琵琶》；元稹《琵琶歌》兼及昆仑、善才。皆可见此辈文人对于西域新传来之歌调乐曲沉酣倾倒反复赞叹之概；是以香山居士至欲截曹刚之手以接于重莲也。

开元、天宝之际，长安、洛阳胡化极盛，元稹《法曲》有云：[1]

> 自从胡骑起烟尘，毛毳腥膻满咸洛。女为胡妇学胡妆，伎进胡音务胡乐。火凤声沈多咽绝，春莺啭罢长萧索。胡音胡骑与胡妆，五十年来竞纷泊。

---

[1]《元氏长庆集》卷二十四，又《全唐诗》第六函第十册。

王建《凉州行》云：①

> 城头山鸡鸣角角，洛阳家家学（一作教）胡乐。

胡妆解已见上，兹不赘。胡乐之盛行于长安、洛阳，观此二诗可见。《春莺啭》为曲名，《教坊记》云：②

> 高宗晓声律，闻风叶鸟声，皆蹈以应节。尝晨坐闻莺声，命乐工白明达写之为《春莺啭》，后亦为舞曲。

张祜《春莺啭》云：③

> 兴庆池南柳未开，太真先把一枝梅。内人已唱《春莺啭》，花下傞偿傞傞软舞来。

是《春莺啭》为软舞曲。白明达为龟兹乐人，所写《春莺啭》，当函有不少之龟兹乐成分在内，故微之诗列之于胡乐（关于《春莺啭》舞，参看本篇所附第六图上）。《火凤》，传贞观时太常乐工裴神符擅长此曲。《唐会要》称神符：④

> 妙解琵琶。作《胜蛮奴》《火凤》《倾杯乐》三曲，

---

① 《全唐诗》第五函第五册。
② 今本《教坊记》文与此微异，此据《乐府诗集》卷八十引。
③ 《乐府诗集》卷八十。
④ 《唐会要》卷三十三《宴乐》。按《洛阳伽蓝记》卷三高阳王寺条："王有二美姬，一名修容，一名艳姿。……修容亦能为《渌水》歌，艳姿善《火凤》舞，并爱倾后室，宠冠诸姬。（原）士康闻此，常令徐（月华）鼓《渌水》《火凤》之曲焉。"是《火凤》舞与曲久已有之，神符大约别创新声耳。

声度清美，太宗深爱之。高宗末其伎遂盛。

神符又为五弦名手，始用手弹，后人习为搊琵琶。与曹纲同时有裴兴奴，亦善琵琶，长于拢撚。此二人同隶乐府，疑为一家，而系疏勒入唐之乐人。《火凤》诸曲，当与《春莺啭》同其派别，故微之诗云尔也。

唐代流行长安之西域乐以龟兹部为特盛。按龟兹乐部自后魏以来，即为世人所重：后魏曹婆罗门一家即受龟兹琵琶于商人，其孙妙达尤为北齐文宣所重，常自击胡鼓和之。隋开皇中，西龟兹、齐龟兹、土龟兹三部，大盛于闾阎。至唐而坐立部伎之安乐、太平乐、破阵乐、大定乐、上元乐、圣寿乐、光圣乐，皆雷大鼓，杂以龟兹乐。长寿乐、天授乐、鸟歌万岁乐、小破阵乐皆用龟兹乐。不仅朝廷诸大乐率用龟兹乐，笛及羯鼓亦复用之。元稹《连昌宫词》云：[1]

逡巡大遍《凉州》彻，色色龟兹轰绿续。

《逸史》曾记长安善吹笛之李謩（《乐府杂录》作谟）与独孤生故事，谓謩师为龟兹人，其辞云：[2]

独孤曰："公试吹《凉州》。"至曲终，独孤生曰："公亦甚能妙。然声调杂夷乐，得无有龟兹之侣乎？"李生（李謩）大骇起拜曰："丈人神绝，某亦不自知，本师实龟兹人也。"

微之所记当亦指笛而言。此为龟兹乐在管乐方面极为有势之一

---

[1] 《元氏长庆集》卷二十四，又《全唐诗》第六函第十册。
[2] 《太平广记》卷二百四《乐》二李謩条引。

证也。段成式又云：①

　　玄宗尝伺察诸王。宁王常夏中挥汗挽鼓，所读书乃龟兹乐谱也。上知之喜曰："天子兄弟当极醉乐耳。"

按宁王长子汝南王琎，又名花奴，善击羯鼓。疑宁王之挥汗挽鼓，亦为羯鼓，而龟兹乐谱则羯鼓谱耳。南卓《羯鼓录》附诸宫曲，太簇商有《耶婆色鸡》，此曲即出于龟兹②；《黄莺啭》当即《春莺啭》。玄宗特喜羯鼓，于是宋璟、宋沉之流，亦相率承风。龟兹、高昌、疏勒、天竺诸部虽俱用羯鼓，而就《羯鼓录》附诸宫曲观之，疑唐代盛行于长安之羯鼓，其渊源实出于龟兹也。

　　龟兹乐中尚有觱篥，亦曾盛于长安。德宗朝之尉迟青，官至将军，居在常乐坊。大历中，以技折服幽州名手王麻奴。王麻奴于高般涉调中吹一曲勒部羝曲，青能用银字管于平般涉调中吹之。按隋苏祇婆介绍琵琶七调，其中有般涉调。又其他诸调，印度乐中每不之见，则苏祇婆之琵琶七调，当系由印度乐蜕出之另一西域系统之音乐。因其宫调与中国旧乐可相比附，故遂特为言乐者所喜用耳。

----

① 《酉阳杂俎》前集卷十二。
② 《宋高僧传》卷三《唐丘慈国莲华寺莲华精进传》云："安西境内有前践山，山下有伽蓝。其水滴溜成音可爱。彼人每岁一时采缀其声以成曲调。故《耶婆瑟鸡》，开元中用为羯鼓曲名，乐工最难其杖撩之术。进寺近其滴水也。"悟空译《十力经序》云："安西境内有前践山前践寺。复有耶婆瑟鸡山。此山有水，滴蕾成音，每岁一时采以为曲。故有耶婆瑟鸡寺。"两书微异。耶婆瑟鸡即耶婆色鸡，S. Lévi 以为即古龟兹语 Yurpāske 一辞之音译，其为龟兹乐盖无可疑也。Lévi 说见 *Journal Asiatique*, 1913, p.320。

隋唐以来之西域乐，大率乐与舞不相离。唐代乐府中盛行之乐舞，段安节记述甚详。《乐府杂录》舞工云：

> 舞者乐之容也。有大垂手小垂手：或如惊鸿，或如飞燕。婆娑舞态也；蔓延舞缀也。古之能者不可胜记。即有健舞、软舞、字舞、花舞、马舞。健舞曲有《棱大》《阿连》《柘枝》《剑器》《胡旋》《胡腾》。软舞曲有《凉州》《绿腰》《苏和香》《屈柘》《团圆旋》《甘州》等。

字舞、花舞、马舞，解见段氏此文自注，兹不赘述。健舞、软舞之名，何所取义，今不甚可知。据《教坊记》及《乐府诗集》引：健舞曲为《阿辽》《柘枝》《黄獐》《拂林》《大渭州》《达摩支》；软舞曲为《垂手罗》《回波乐》《兰陵王》《春莺啭》《社渠》《借席》《乌夜啼》；与今行段氏《乐府杂录》微异。健舞曲中今确知其出于西域、含有伊兰风味者，凡有《胡腾》《胡旋》《柘枝》三种；开元、天宝以后，盛行于长安，后更遍及于中国各处也。

唐人诗纪述此种胡舞者不少。于胡腾舞，有刘言史、李端二人诗可据。刘言史《王中丞宅夜观舞胡腾》诗云：[1]

> 石国胡儿人见少，蹲舞樽前急如鸟。织成蕃帽虚顶尖，细氎胡衫双袖小。手中抛下葡萄盏，西顾忽思乡路远。跳身转毂宝带鸣，弄脚缤纷锦靴软。四座无言皆瞠目，横笛琵琶遍头促。乱腾新毬雪朱毛，傍拂轻花下红烛。酒阑舞罢丝管绝，木棉花西见残月。

---

[1]《全唐诗》第七函第九册。

王中丞即王武俊，宅在长安，说见本篇论《流寓长安之西域人》一节。李端《胡腾儿》诗云：①

> 胡腾身是凉州儿，肌肤如玉鼻如锥。桐布轻衫前后卷，葡萄长带一边垂。帐前跪作本音语，拾襟搅袖为君舞。安西旧牧收泪看，洛下词人抄曲与。扬眉动目踏花毡，红汗交流珠帽偏。醉却东倾又西倒，双靴柔弱满灯前。环行急蹴皆应节，反手叉腰如却月。丝桐忽奏一曲终，呜呜画角城头发。胡腾儿，故乡路断知不知？

李诗末句，大约即指河陇为吐蕃所陷而言。就刘、李二人诗观之，胡腾舞大约出于西域石国。舞此者多属石国人，李端诗"肌肤如玉鼻如锥"，则其所见之胡腾儿为印欧族之伊兰种人可知也。此辈舞人率戴胡帽，着窄袖胡衫。帽缀以珠，以便舞时闪烁生光，故云珠帽。兰陵王、拔头诸舞，舞人所着衫后幅拖拽甚长，胡腾舞则舞衣前后上卷，束以上绘葡萄之长带，带之一端下垂，大约使舞时可以飘扬生姿。唐代音声人袖多窄长，为一种波斯风之女服。因衣袖窄长，故舞时须"拾襟搅袖"，以助回旋。李端诗"帐前跪作本音语，拾襟搅袖为君舞"，大约系指舞人起舞之先，必须略蹲以胡语致词，然后起舞。宋朝大曲，奏引子以后，竹竿子口号致语②，李端所云之本音语，疑即大曲口号之大辂椎轮也。胡腾舞容不甚可知，依二诗所言，大率动作甚为急遽，多取圆形，是以"环行急蹴""跳身转毂"云云。

---

① 《图书集成·乐律典》卷八十九《舞部》引。
② 郑麟趾《高丽史》卷七十一《乐志》二，记唐乐之《献仙桃》《寿延长》《五羊仙》《抛毬乐》《莲花台》诸大曲，其节奏与宋大曲略同。

胡腾之腾或指其"反手叉腰",首足如弓形,反立毬上,复又腾起而言欤?与胡腾舞伴奏之乐器有横笛与琵琶;酒阑舞罢,丝桐忽奏,于是一曲亦终矣。

健舞中与胡腾同出西域石国者尚有柘枝舞。石国亦名柘枝,亦名柘羯。薛能《柘枝词》之二云:①

> 悬军征柘羯,内地隔萧关。日色昆仑上,风声朔漠间。何当千万骑,飒飒贰师还。

此首所咏,指天宝九载高仙芝征石国一役而言。盖以柘枝舞出于石国,故云尔也。兹略考柘枝舞舞人服饰、舞容之属如次。《乐苑》云:②

> 羽调有《柘枝曲》,商调有《屈柘枝》。此舞因曲为名,用二女童,帽(《御览》五七四引帽上尚有鲜衣帽三字)施金铃,抃转有声。其来也于二莲花中藏,花坼而后见。对舞相占,实(《御览》引无舞相占实四字)舞中雅妙者也。

陈旸云:③

> 柘枝舞童衣五色绣罗宽袍,胡帽银带。案唐杂说,羽调有《柘枝曲》,商调有《掘柘枝》,角调有《五天柘枝》。用二童舞,衣帽施金铃,抃转有声。始为二莲花,童藏其中,花坼而后见。对舞相占,实舞中之雅妙者也。然与今制不

---

① 《乐府诗集》卷五十六。
② 《乐府诗集》卷五十六《柘枝词·小引》引。
③ 《乐书》卷一百八十四《柘枝舞》。

同，岂亦因时损益耶？唐明皇时那胡柘枝，众人莫及也。

柘枝舞舞人衣五色罗衫，胡帽银带，唐人诗中亦多言之：张祜《观杭州柘枝》诗[1]"红罨画衫缠腕出"，《周员外席上观柘枝》诗[2]"金丝蹙雾红衫薄，银蔓垂花紫带长"。又《观杨瑗柘枝》诗[3]："促叠蛮鼍引柘枝，卷檐虚帽带交垂。紫罗衫宛蹲身处，红锦靴柔踏节时。"白居易《柘枝词》[4]："绣帽珠稠缀，香衫袖窄裁。"又《柘枝妓》诗[5]："红蜡烛移桃叶起，紫罗衫动柘枝来。带垂钿胯花腰重，帽转金铃雪面回。"窄袖缠腕与胡腾舞同；用长带，着红锦靴；"卷檐虚帽"，亦即刘言史诗中之"织成蕃帽虚顶尖"：此俱胡服也。就唐人诗考之，柘枝舞大约以鼓声为节，起舞鼓声三击为度，故白居易《柘枝妓》诗云：

平铺一合锦筵开，连击三声画鼓催。

张祜《观杭州柘枝》诗：

舞停歌罢鼓连催，软骨仙娥暂起来。

又刘禹锡《和乐天柘枝》诗亦云：[6]

---

[1]《全唐诗》第八函第五册。
[2] 同上。
[3] 同上。
[4]《全唐诗》第七函第六册。
[5]《白氏长庆集》卷五十三。
[6]《全唐诗》第六函第三册。

> 鼓催残拍腰身软,汗透罗衣雨点花。

皆可见柘枝舞以鼓声为节奏之概。柘枝舞至曲终,例须半袒其衣,故沈亚之《柘枝舞赋》云:[1]

> 差重锦之华衣,俟终歌而薄袒。

薛能《柘枝词》之"急破催摇曳,罗衫半脱肩",即指此也。柘枝舞又重目部表情,此与胡腾不同。刘禹锡《观舞柘枝》云:[2]

> 曲尽回身去,曾波犹注人。

沈亚之《柘枝舞赋》云:

> 鹜游思之情香兮,注光波于秾睇。

卢肇《湖南观双柘枝舞赋》云:[3]

> 善睐睢盱,偃师之招周妓;轻躯动荡,蔡姬之誉桓公。

大约俱指舞人之流波送盼而言也。柘枝舞舞人帽上施金铃,舞时抃转有声。至其来时藏于二莲花中,花坼而后见,为胡腾、胡旋诸舞所未有,此事除《乐苑》外,不见各家纪载(《乐书》即袭《乐苑》之文),不识何故。唐、宋两代柘枝舞之不同,陈赐《乐书》已言之。唐代柘枝舞大约有一人单舞与二人对舞之别;二人对舞则曰双柘枝。张祜《周员外席上观柘枝》诗亦

---

[1] 《沈下贤文集》卷一(《四部丛刊》本)。
[2] 《刘梦得文集》卷五(《四部丛刊》本)。
[3] 《图书集成·乐律典》卷八十八《舞部》引。

作《周员外出双舞柘枝妓》，是以诗有"小娥双换舞衣裳"之句。卢肇赋亦是观双柘枝舞，《乐苑》（据《御览》引）亦云柘枝舞"对舞中雅妙者也"。是双人对舞应名双柘枝舞，其流传之盛当有过于单舞。宋代柘枝舞为乐府十小儿队之一，属于队舞。据史浩《鄮峰真隐漫录》，大曲中之柘枝舞凡用五人，舞人有竹竿子有花心；其口号致词，入队起舞吹唱遣队，与其他大典无异，疑唐代之柘枝舞尚无如是之繁复与整齐也。关于宋代之柘枝舞，别详余所著《柘枝舞小考》，兹附篇末，以资参览①。

胡旋舞，日本石田幹之助氏有《胡旋舞小考》一文②，考证綦详，余愧无新材料以相印证，兹唯略述其概而已。案胡旋舞出自康国，唐玄宗开元、天宝时，西域康、米、史、俱密诸国屡献胡旋女子，胡旋舞之入中国，当始于斯时。玄宗深好此舞，太真、安禄山皆能为之。关于胡旋舞，纪者虽多，而舞服舞容，反不若胡腾、柘枝之易于钩稽。白居易《新乐府》有《胡旋女》③，注谓天宝末康居国献之。其辞有云：

> 胡旋女，胡旋女，心应弦，手应鼓。弦鼓一声双袖举，回雪飘飘转蓬舞，左旋右转不知疲，千匝万周无已时。人间物类无可比，奔车轮缓旋风迟。……

---

① 《柘枝舞小考》原载《清华周刊》第三十七卷第十二期一三六七页至一三七三页。柘枝系 Tashkend 古名 Chaj 一辞之译音，《小考》旧说有误，今为改正，附录篇末。
② 《史林》十五卷第三号。
③ 《白氏长庆集》卷三。

元稹《胡旋女》云：①

> 天宝欲末胡欲乱，胡人献女能胡旋。……胡旋之义世莫知，胡旋之容我能传。蓬断霜根羊角疾，竿戴朱盘火轮炫。骊珠迸弹遂飞星，虹晕轻巾掣流电。潜鲸暗噏笡海波，回风乱舞当空霰。万过其谁辨终始，四座安能分背面。……

两诗极赞胡旋舞旋转之疾，而于舞人装饰了未道及；盖其旨固在讽刺时习，初无意于纪事也。至白氏谓胡旋舞出康居，石田氏已指其谬，兹不赘。段安节又云：②

> 舞有骨鹿舞、胡旋舞，俱于一小圆毬子上舞；纵横腾踏，两足终不离于毬子上，其妙如此也。

《唐书·礼乐志》亦谓"胡旋舞舞者立毬上，旋转如风"。此种胡旋舞法，诸家皆不载。《封氏闻见记》有蹴毬戏，是否即为胡旋舞，今无可考。

软舞曲中之《凉州》《苏合香》《团圆旋》《回波乐》，中国载籍中已不甚可考，从日本书中尚可知其一二（团圆旋亦作团乱旋。关于团乱旋舞图，参看本篇所附第六图下）③。《苏合香》有谓原出天竺，传至西域，以入中国者④。《春莺啭》

---

① 《元氏长庆集》卷二十四。
② 《乐府杂录·俳优》。
③ 源光圀修《大日本史》卷三百四十七至卷三百四十九《礼乐志》十四至十六记述从隋唐传来之乐曲甚详。以《凉州》属沙陀调，《苏合香》属般涉调，《团圆旋》（《志》作团乱旋）、《回波乐》（《志》作回杯乐）属壹越调。
④ 参看田边尚雄《东洋音乐史》二九三页（《东洋史讲座》第十三卷）。

在日本一名《天长宝寿乐》，为大曲，属壹越调二十五曲之一。序一帖，飒踏（一作中序）二帖，入破四帖，鸟声二帖，急声二帖，并各十六拍；始作有游声；舞女十人。其所谓帖，或即后来大曲中之叠；游声则序中词也。舞服舞容，日本亦不传。

软舞中之《兰陵王》一名《大面》，或名《代面》，始自北齐神武帝弟兰陵王长恭。段安节云：①

> 大面出于北齐。齐兰陵王长恭才武而貌美，常著假面以对敌。尝击周师金墉下，勇冠三军，齐人壮之，为此声以效其指抡忽击刺之容。俗谓之《兰陵王入阵曲》。

段氏又谓戏者衣紫腰金执鞭。《兰陵王》在日本一名《陵王》，又名《罗陵王》：有啭；有乱序中序各一帖；荒序八帖各一拍；入破四帖，后改为二帖，各十六拍。舞者一人别装束假面帽子，执金桴。其《兰陵王》舞服面具，并传于今。日本高楠顺次郎以为此曲系咏娑竭罗龙王（Sagara roi des Dragons）者②，伯希和疑其无据③。今按日本所传《兰陵王》有啭词云：④

> 吾等胡儿，吐气如雷。我采顶雷，蹈石如泥。右得士力，左得鞭回。日光西没，东西若月。舞乐打去，录录长曲。

---

① 《乐府杂录·鼓架部》。
② 田边尚雄《东洋音乐史》二三八页至二三九页，又 Hôbôgirin, *deuxieme fascicule*, p.155.
③ *T'oung Pao*, 1931, No.1—2, pp.97—98.
④ 《大日本史》卷三百四十七《礼乐志》五引《河海钞·类筝治要》（影印本第十三册二二一页）。

自称胡儿,则其源或亦出于西域欤?(关于兰陵王舞图,参看本篇所附第七图)

唐代乐府中又有《钵头》,一名《拨头》,又名《拔头》,亦系一种舞乐。张祜有《容儿钵头》诗①,即咏此也。段安节记《钵头》由来云:②

> 《钵头》:昔有人父为虎所伤,遂上山寻其父尸。山有八折,故曲八叠。戏者被发素衣,面作啼,盖遭丧之状也。

《通典》作《拨头》,云:③

> 出西域。胡人为猛兽所噬,其子求兽杀之,为此舞以象也。

《旧唐书·音乐志》文同。钵头舞今存于日本,舞者衣胡服,戴面具,披发,手持短桴。高楠顺次郎以为此舞从印度《梨俱吠陀》(*Rig Veda*)及《阿闼婆吠陀》(*Atharva Veda*)中 Pedu 王白马(*Paidva*)奋战却毒蛇之故事演出④。高楠氏展转证合,致力极勤;唯钵头音之记者不一,是以说者于高楠氏之论多取存疑。中籍明谓出于西域,王国维先生以为当出西域之拔豆国,或者近是⑤(关于拔头舞图,参看本篇所附第八图)。

---

① 《全唐诗录》卷七十。
② 《乐府杂录·鼓架录》。
③ 《通典》卷一百四十六。
④ 高楠顺次郎著《奈良朝临邑八乐考》(《史学杂志》第十八编第六号);田边尚雄《东洋音乐史》一一〇页至一一六页;《法宝义林》一五五页至一五六页。又参看伯希和评《法宝义林》文。
⑤ 《宋元戏曲史》第一章《上古至五代之戏剧》。

唐代又行一种泼胡乞寒之戏，戏时歌舞之辞名《苏摩遮》（一作苏莫遮、苏莫者）。此风曾及于两京，《旧唐书·中宗纪》曾两纪此事：

> 神龙元年（705年）十一月已丑，御洛城南门楼观泼寒胡戏。

> 景龙三年（709年）十二月乙酉，令诸司长官向醴泉坊看泼胡王乞寒戏。

按此戏出于西域康国，《旧唐书·康国传》云：

> 至十一月鼓舞乞寒，以水相泼，盛为戏乐。

《新唐书·康国传》《册府元龟》所纪略同。此种泼胡乞寒之戏，在中宗时，两京而外，并行于各地。是以神龙二年（706年）三月并州清源县尉吕元泰上书言时政曰：[①]

> 比见坊邑相率为浑脱队，骏马胡服，名曰苏莫遮。旗鼓相当，军阵势也。腾逐喧噪，战争象也。锦绣夸竞，害女工也。督（《唐会要》引作征）敛贫弱，伤政体也。胡服相欢（《唐会要》引作效），非雅乐也。浑脱为号，非美名也。安可以礼义之朝，法胡（《唐会要》引作戎）虏之俗（《唐会要》引此下尚有"军阵之势，列庭阙之中，窃见诸王，亦有此好，自家刑国，岂若是也"凡二十五字）。
> 《诗》云："京邑翼翼，四方是则。"非先王之礼乐，而

[①] 吕疏见《新唐书》卷一百十八《宋务光传》末。《唐会要》卷三十四《论乐》亦引此，今取互校。

示（《唐会要》引作将）则于四方，臣所未谕。《书》曰："谋时寒若。"何必裸形体，灌衢路，鼓舞跳跃，而索寒焉。

吕元泰此疏，盖因神龙元年十一月洛城观泼寒戏而言。疏上不报。景龙三年诸司长官向醴泉坊观泼胡王乞寒戏，其后右拾遗韩朝宗、中书令张说亦相继上疏谏止。张说疏有云：①

且乞寒泼胡，未闻典故。裸体跳足，盛德何观？挥水投泥，失容斯甚！法殊鲁礼，亵比齐优。恐非干羽柔远之义，樽俎折冲之道。愿择刍言，特罢此戏。

裸体跳足，挥水投泥，即以水相泼盛为戏乐之谓。说疏上，至开元元年（713）十二月七日下敕禁断。敕文云：②

敕：腊月乞寒，外蕃所出；渐渍成俗，因循已久。至使乘肥衣轻，俱非法服，阗城溢陌，深点华风。朕思革颓弊，反于淳朴。《书》不云乎：不作无益害有益，功乃成；不贵异物贱用物，人乃足。况妨于政要，取紊礼经。习而行之，将何以训！自今以后（《唐会要》引此下有"无问蕃汉"四字），即宜禁断。

由以上所引诸文观之，可见乞寒一戏，唐代曾盛行于两京各处。自皇帝以至诸王，俱复好此，大约流寓长安之西域人不忘本习，而汉人则而效之。唐代行此，据《唐书·张说传》，始于则天末年，《张说传》云：

---

① 《唐会要》卷三十四《论乐》引。
② 宋宋敏求编《唐大诏令集》卷一百九《禁断腊月乞寒敕》。

> 自则天末年季冬为泼寒胡戏，中宗尝御楼以观之。
> 至是因蕃夷入朝，又作此戏。

其入中国当在北周宣帝时。《周书·宣帝纪》《通鉴·陈纪》俱谓始北周天元大象二年（580年）；故玄宗敕谓因循已久也。苏莫遮一辞又见般若三藏译《大乘理趣六波罗蜜多经》卷一。薄伽梵告慈氏菩萨，论老苦有云：

> 又如苏莫遮帽，覆人面首，令诸有情，见即戏弄。老苏莫遮，亦复如是。从一城邑至一城邑，一切众生，被衰老帽，见皆戏弄。

慧琳释苏莫遮帽云：[1]

> 苏莫遮，西戎胡语也。正云飒磨遮。此戏本出西龟兹（一作慈）国，至今犹有此曲，此国浑脱、大面、拨头之类也。或作兽面，或象鬼神，假作种种面具形状。或以泥水沾洒行人，或持羂索，搭钩捉人为戏。每年七月初公行此戏，七日乃停。土俗相传云常以此法攘厌驱趁罗刹恶鬼食啖人民之灾也。

慧琳所云，未及浑脱骏马；又用羂索搭钩捉人，带面具，吕元泰疏及《康国传》都未之及。张说有《苏摩遮》诗，苏摩遮即

---

[1] 慧琳《一切经音义》卷四十（《大乘理趣六波罗蜜多经》卷一音义）。按《酉阳杂俎》前集卷四《境异》纪龟兹国"婆罗遮并服狗头猴面，男女无昼夜歌舞，八月十五日行像及透索为戏"。此婆罗遮疑即苏莫遮，原应是娑摩遮。同书同卷又谓焉耆国元日、二月八日娑摩遮云云。此二者当俱是苏莫遮之传写讹误以及异译也。谨附记于此。

苏莫遮,说曾上疏谏止乞寒胡戏,其《苏摩遮》诗所纪,自属得之目识亲览。以说诗与慧琳《音义》、吕元泰疏参互比观,唐代乞寒胡戏,当不难得其梗概。说诗题下注云,"泼寒胡戏所歌。其和声云亿岁乐",是苏莫遮乃为乞寒戏时歌词之调名也。说诗五首,今录前四首如次:①

> 摩遮本出海西胡,琉璃宝眼紫髯须。闻道皇恩遍宇宙,来将歌舞助欢娱。(《亿岁乐》)
>
> 绣装帕额宝花冠,夷歌妓(龙池草堂本妓作骑)舞借人看。自能激水成阴气,不虑今年寒不寒。(《亿岁乐》)
>
> 腊月凝阴积帝台,豪歌急鼓送寒来。油囊取得天河水,将添上寿万年杯。(《亿岁乐》)
>
> 寒气宜人最可怜,故将寒水散庭前。惟愿圣君无限寿,长取新年续旧年。(《亿岁乐》)

是所谓苏莫遮之乞寒胡戏,原本出于伊兰,传至印度以及龟兹;中国之乞寒戏当又由龟兹传来也。为此者多属胡人,碧眼紫髯,指其为伊兰族而言耳。"绣装帕额宝花冠",即吕元泰疏中所云之胡服。《康国传》谓鼓舞乞寒,是以张说诗有"夷歌妓舞""豪歌急鼓"之语;妓字应从明刊本作骑为胜,即吕疏所云之骏马胡服也。戏时大约以油囊盛水交泼,故说诗云云。《文献通考》纪此戏乐器云:②

---

① 《张说之文集》卷十(《结一庐丛书》本),以《四部丛刊》景龙池草堂本及《全唐诗》第一函第七册张说诗互校。诗题下注见《全唐诗》。
② 《文献通考·乐考》二十一《西戎》。

> 乞寒本西国外蕃康国之乐。其乐器有大鼓、小鼓、琵琶、五弦、箜篌、笛。其乐大抵以十一月，裸露形体，浇灌衢路，鼓舞跳跃而索寒也。

大致俱西域康、安诸国乐部所常用者也。

《苏莫遮》曲传于日本，名《苏莫者》，为盘涉调中曲。序二帖各六拍；破四帖各十二拍；急失传。舞者别有一种服饰，戴假面，执桴；今犹有图可见。有答舞，名《苏志摩利》；答舞者左方先奏而右方从之之谓也。《苏志摩利》为双调曲，别名《庭巡舞》《长久乐》《回庭乐》，即新罗曲。舞者常服假面，戴帽着蓑笠。为此戏时，疑舞者步行，胡服骑马者则持盛水油囊作势交泼，舞者舞踏应节，以象闪避之状。答舞者着蓑笠，犹足以窥泼水之故典[1]。大阪天王寺乐人秦家尚传此曲，一乐人登台吹笛，舞者随笛声而舞[2]。此与唐人所传已异，大约删繁就简，无复骏马浑脱之概矣（关于苏莫遮舞图，参看本篇所附第九图）。

有唐一代，从波斯传来之波罗毬，最为流行，而以长安为特盛；其详别见于本篇《长安打毬小考》一节中，兹不赘。波罗毬为一种马上毬戏，亦有步打者。打毬时并须奏乐，《羯鼓录》诸宫曲太簇商有《打毬乐》，大约即为此戏时之所奏也。宋代队舞中之女弟子队，其十为打毬乐队，《宋史·乐志》纪之云：

> 十曰打毬乐队，衣四色窄绣罗襦，系银带，裹顺风脚，簇花幞头，执毬杖。

---

[1]《大日本史》卷三百四十八《礼乐志》五。
[2] 田边尚雄《东洋音乐史》一一六页至一一七页。

此种衣饰，似乎俱是一种胡服。田边尚雄引《乐家录》云：[1]

《笛说》曰：胡国马上曲打毬游之时，于马上奏此曲。

日本传来唐乐有此，中曲，为道调二十四曲之一。曲分七帖，各十一拍。舞者四人，特有一种装束，细缨冠著缕，执毬杖对舞。至五月节会，则舞者至四十人，服骑马装，执杖弄毬而舞。有答舞[2]。长安既盛行打毬戏，则此种波斯风舞曲之曾相随而兴，又可知也（关于打毬乐图，参看本篇所附第十图）。

六　长安打毬小考

波罗毬（Polo）为一种马上打毬之戏。发源于波斯，其后西行传至君士坦丁堡，东来传至土耳其斯坦。由土耳其斯坦以传入中国西藏、印度诸地。日本、高丽亦有此戏，则又得自中国者也。或谓波罗继传至东方，仍保持其原音[3]，此说余尚未发见何种文献足以为中国方面之证明。若《弹棋经序》所云之波罗，则本作波罗塞，俗本讹误，盖双陆之别名，与戏于马上之波罗毬不可混而为一也。以余所知波罗二字与此种毬戏连类并及者唯杜环《经行记》一书，《经行记》谓拔汗那国：[4]

土有波罗林，林下有毬场。

---

[1] 田边尚雄《东洋音乐史》二九〇页引。
[2] 《大日本史》卷三百四十八《礼乐志》五。
[3] T. F. Carter: *The Invention of Printing in China and Its Spread Westward*, p.139.
[4] 《文献通考·四裔考》十四《疏勒国》注引。

拔汗那即 Ferghana，为汉代之大宛。其所谓毬场，必为波罗毬场无疑也。顾波罗毬传入中国，波罗二字之音虽不可见，而波斯此戏原名之音，则似尚有残痕。按波罗毬波斯名为 gui，唐代名波罗毬戏为打毬，一名击鞠。毬字之唐音为"渠幽切"，疑"毬"字乃用以译波斯 gui 字之音。打毬既一名击鞠，于是说者往往以为即汉魏以来所有之蹴鞠戏。实则蹴鞠戏以步打足踢为主，而波罗毬须骑马以杖击之，故云打毬或击鞠也。

波罗毬传至东方后，中国与日本、高丽所行者俱微有异同①。中国所行之波罗毬，其规则约略见于孟元老《东京梦华录》《宋史·礼志》《金史·礼志》及《析津志》诸书。《宋史》所陈过繁，今录《金史·礼志》之说如次，以见波罗毬之梗概：

> 已而击毬。各乘所常习马，持鞠杖。杖长数尺，其端如偃月。分其众为两队，共争击一毬。先于毬场南立双桓，置板，下开一孔为门，而加网为囊；能夺得鞠，击入网囊者为胜。或曰两端对立二门，互相排击，各以出门为胜。毬状小如拳，以轻韧木枵其中而朱之。皆所以习跷捷也。

唐代之波罗毬，其规制大致当与此不殊。阎宽《温汤御毬赋》云：②

> 珠毬忽掷，月杖争击。

---

① 《朝鲜》第一九六号一九八号（1931年9月11日）有今村鞆《日鲜支那古代打毬考》一文，于日本、朝鲜打毬情形，各有叙述，可以参看。唯抛毬乐与打毬乐不同，《高丽史》只及抛毬乐而无打毬乐。又汪云程《蹴鞠图谱》所述为蹴鞠，非打毬，今村氏俱混而为一，非也。
② 《图书集成·艺术典》卷八百二《蹴鞠部》引。

蔡孚《打毬篇》亦谓：①

> 金锤玉莹千金重，宝杖雕文七宝毬。……奔星乱下花场里，初月飞来画杖头。……

皆指毬与打毬杖二者之形状而言也。打毬以先入网者胜，名曰头筹；得筹则唱好。据《宋史·乐志》，大明殿会鞠，教坊例设龟兹部鼓乐，唐代亦然。王建《宫词》有云：②

> 对御难争第一筹，殿前不打背身毬。内人唱好龟兹急，天子鞘回过玉楼。

可见其与宋制不殊也。波罗毬传入中国，历唐、宋、元、明而不衰。明永乐时，北京羽林禁军尚为此戏，其时毬场在东苑③。此戏之衰当在明之季叶，至清而寂然绝响，不唯民间不知打毬，即朝廷亦无此典。不知何故也。

波罗毬传入中国当始于唐太宗时。唐以前书只有蹴鞠，不及打毬，至唐太宗，始令人习此。封演云：④

---

① 同上。
② 《全唐诗录》卷五十六。
③ 王绂《王舍人诗集》卷二《端午赐观骑射击毬侍宴》诗有"葵榴花开蒲艾香，都城佳节逢端阳。龙舟竞渡不足尚，诏令禁御开毬场。毬场新开向东苑，一望晴烟绿莎软。……"之句。绂字孟端，永乐十年官中书舍人。
④ 封演《封氏闻见记》卷六《打毬》。《通鉴》卷一百九十九系此于高宗永徽二年，谓为高宗事，《考异》亦未讨论及此。岂宋本《封氏闻见记》太宗原作高宗耶？抑温公别有所据耶？今姑依今本《封氏闻见记》，而识其疑惑于此。

> 太宗常御安福门，谓侍臣曰："闻西蕃人好为打毬，比亦令习，会一度观之。昨升仙楼有群蕃街里打毡，欲令朕见。此蕃疑朕爱此，骋为之。以此思量，帝王举动岂宜容易，朕已焚此毬以自诫。"

此是唐初波罗毬已行于长安之证。《文献通考》名打毬为蹴毬，亦谓始兴于唐[①]。唐代之波罗毬大约直接从西域传来，是以犹存波斯旧音。有唐一代长安盛行打毬，而皇室特嗜此戏，推究源始，俱由于太宗之倡开风气也。

唐代诸帝率善此戏，唐初则有玄宗为诸王时便已善此，毬马之精，虽吐蕃名手亦所不逮。封演纪此云：[②]

> 景云中，吐蕃遣使迎金城公主，中宗于梨园亭子赐观打毬。吐蕃赞咄奏言臣部曲有善毬者，请与汉敌。上令仗内试之，决数都，吐蕃皆胜。时玄宗为临淄王，中宗又令与嗣虢王邕、驸马杨慎交、武秀等四人敌吐蕃十人。玄宗东西驱突，风回电激，所向无前，吐蕃功不获施。

是以开元、天宝中数御楼观打毬为事。宋晁无咎《题明皇打毬图》诗：[③]

> 宫殿千门白昼开，三郎沉醉打毬回。九龄已老韩休死，明日应无谏疏来。

[①] 《文献通考·乐考》二十《散乐百戏》。
[②] 《封氏闻见记》卷六《打毬》。
[③] 《图书集成·艺术典》卷八百二《蹴鞠部》引。

《通鉴》亦谓：①

> 上（玄宗）素友爱，近世帝王莫能及。初即位，为长枕大被与兄弟同寝。诸王每旦朝于侧门，退则相从宴饮，斗鸡击毬，或猎于近郊，游赏别墅。

以此与本篇第五节引玄宗伺察宁王所云"天子兄弟当极醉乐"之言比观，可知玄宗人极猜忌，声色犬马之好所以颓丧诸王之志气耳。诸王亦复知此，是以玄宗偶誉汝南王琎，宁王便为之震惊失次。玄宗以音律毬马奖励臣工，于是争奇斗艳，竞相纷泊，开、天以后长安胡化之大盛，玄宗倡导之功不可没也。

玄宗而后，诸帝工打毬者尚有宣宗，其技之精，虽二军老手咸服其能。《唐语林》云：②

> 宣宗弧矢击鞠皆尽其妙。所御马，衔勒之外，不加雕饰，而马尤矫捷。每持鞠杖乘势奔跃，运鞠于空中，连击至数百而马驰不止，迅若流电。二军老手咸服其能。

僖宗于此技尤为自负，谓当得状元。《通鉴》纪之云：③

> 上好蹴鞠斗鸡，尤善击毬。尝谓优人石野猪曰："朕若应击毬进士举须为状元。"对曰："若遇尧舜作礼部侍郎，恐陛下不免驳放。"上笑而已。

三川节度亦以打毬胜负定之，一国政事竟视同儿戏。穆宗、敬

---

① 《通鉴》卷二百十一《玄宗纪》。
② 《唐语林》卷七。
③ 《通鉴》卷二百四十三《僖宗纪》，又见《南部新书》。

宗于打毬戏俱沉溺忘返。敬宗嗜此，常至一更二更，戏者往往碎首折臂，而陶元皓、靳遂良、赵士则、李公定、石定宽之流以毬工得见便殿；其后竟为此辈所弑，年才十八。唐代诸帝嗜打毬戏，其结局要以敬宗为最惨矣①。

有唐一代，长安之达官贵人，亦复酷嗜此戏，相习成风。玄宗时诸王驸马俱能打毬，《通鉴》谓：②

> 上好击毬，由是风俗相尚。驸马武崇训、杨慎交洒油以筑毬场。

杨慎交宅在靖恭坊，其所自筑毬场在坊西隙③。杨巨源《观打毬有作》诗"新扫毬场如砥平"，可知波罗毬毬场贵能平滑，以便毬马驰骤，是以武崇训、杨慎交洒油以筑之，取其坚平，而豪侈亦可想矣。德宗时之司徒兼中书令李晟，文宗时户部尚书王源中俱能打毬。晟宅在永崇坊有自筑毬场④。源中为翰林承旨，宅在太平坊，暇日辄与诸昆季打毬于里第；则其宅中当亦有毬场也⑤。

长安宫城内有毬场，宫城北有毬场亭，中宗于梨园亭子赐吐蕃观打毬即在此也。大明宫东内院龙首池南亦有之；文宗宝历九年，龙首池亦填为毬场。此外三殿十六王宅俱可打毬。平

---

① 参看《旧唐书·穆宗本纪》《僖宗本纪》；《通鉴》卷二百四十二至二百四十三。
② 《通鉴》卷二百九《中宗纪》。
③ 徐松《两京城坊考》卷三靖巷坊。
④ 同上永崇坊。
⑤ 王定保《唐摭言》卷十五《杂文》。

康坊亦有毬场。平常则街里亦可打毬，不一定毬场也①。而打毬原为军州之戏，是以左右神策军亦为会鞠之所；所谓两军老手，即指左右神策军而言。段成式曾纪一善打毬之河北将军云：②

> 建中初，有河北将军姓夏，弯弓数百斤。常于毬场中累钱千余，走马以击鞠杖击之。一击一钱飞起，高六七丈，其妙如此。

盖言其手眼之明确也。李廓《长安少年行》云：③

> 追逐轻薄伴，闲游不着绯。长拢出猎马，数换打毬衣。晓日寻花去，春风带酒归。青楼无昼夜，歌舞歇时稀。

声色犬马斗鸡打毬，大约为唐代长安豪侠少年之时髦功课，故廓诗云尔。

唐代长安打毬之戏不唯帝王、达官贵人、军中以及闾里少年嗜之，文人学士亦有能之者。唐代进士及第，于慈恩寺题名后，新进士例于曲江关宴，集会游赏，而月灯阁打毬之会尤为盛举，四面看棚鳞次栉比。此辈能者至能与两军好手一相较量，则唐代文士之强健，于区区打毬戏中，亦可窥见一斑焉。《唐摭言》

---

① 《两京城坊考》卷一，谓皇城各街皆广百步，横街南北广三百步，是以群蕃能于升仙楼前街里打毬。又卷四光德坊引《剧谈录》谓胜业坊北街军中少年蹴鞠云云。
② 《酉阳杂俎》前集卷五《诡习》。
③ 《全唐诗》第七函第十册。

纪其一事云：[1]

> 乾符四年，诸先辈月灯阁打毬之会，时同年悉集。无何，为两军打毬将数辈私较。于是新人排比既盛，勉强迟留，用抑其锐。刘覃谓同年曰："仆能为群公小挫彼骄，必令解去，如何？"状元已下应声请之。覃因跨马执杖，跃而揖之曰："新进士刘覃拟陪奉，可乎？"诸辈皆喜。覃驰骤击拂，风驱电逝，彼皆愕视。俄策得毬子，向空磔之，莫知所在。数辈惭沮，绳俛而去。时阁下数千人，因之大呼笑，久而方止。

咸通十三年三月，亦行此会，击拂既罢，遂痛饮于佛阁之上。新进士榜发后在月灯阁集会打毬，其来当已甚久，唯不审果始于何时耳。

宋未南渡，每逢三月三日宝津楼宴殿诸军呈百戏中有打毬，其小打为男子，大打则为宫监。此辈玉带红靴，各跨小马，人人乘骑精熟，驰骤如神，雅态轻盈，妖姿绰约，说者以为人间但见其图画云[2]。而乐府女弟子队中亦有打毬乐队，纯是女子。唐代亦教内人打毬。王建《宫词》云：[3]

> 殿前铺设两边楼，寒食宫人步打毬。一半走来争跪拜，上棚先谢得头筹。

---

[1]《唐摭言》卷三《慈恩寺题名游赏赋咏杂纪》。
[2] 参看《东京梦华录》卷七。
[3]《全唐诗录》卷五十六。

花蕊夫人《宫词》亦云：[①]

> 自教宫娥学打毬，玉鞍初跨柳腰柔。上棚知是官家认，遍遍长赢第一筹。

可见唐代宫人亦能打毬也。又当时为此戏有所谓打背身毬者，王建《宫词》云：

> 对御难争第一筹，殿前不打背身毬。内人唱好龟兹急，天子鞘回过玉楼。

杨太后《宫词》云：[②]

> 击鞠由来岂作嬉，不忘鞍马是神机。牵缰绝尾施新巧，背打星毬一点飞。

按打背身毬不知何似，以意测之，或犹今日打网球之反手抽击。马上反击，自然摇曳生姿，倍增婀娜。殿前之所以不打背身毬者，亦以时地俱甚庄严，不容过为轻盈耳。滨田耕作《支那古明器泥象图说》附有骑马女俑一具，窥其姿态，当是打毬女伎。侧身俯击，势微向后，大约即所谓打背身毬耳。

打毬本以马上为主，唯唐代长安亦行步打，王建《宫词》所谓"寒食宫人步打毬"是也。步打之风至宋未衰，《宋史·礼志》曾纪其事。又打毬本应用马，马之高低俱有一定。然在唐代，长安并行驴鞠。郭知运子英乂拜剑南节度使，教女伎乘驴

---

① 《全唐诗》第十一函第十册。
② 《图书集成》卷八百二《蹴鞠部》引。

击毬，钿鞍宝勒及他服用，日无虑万数①。弑敬宗之毬工石定宽，即宝历二年（公元八二六年）六月郓州所进之驴打毬人。《旧唐书·敬宗纪》：

> 宝历二年六月甲子，上御三殿观两军教坊内园分朋驴鞠角抵。戏酣，有碎首折臂者，至一更二更方罢。

宋代则驴骡并用，此皆变格，非打毬正轨也（关于打毬图，参看本篇所附第十图）。

七　西亚新宗教之传入长安

以上所述，为宫室、服饰、饮食、绘画、乐舞、打毬诸端。此外如西亚之祆教、景教、摩尼教，亦于唐代，先后盛于长安。综此各方面而言，有唐之西京，亦可谓极光怪陆离之致矣。关于西亚诸宗教之流行中国，近世各贤讨论綦详，愧无新资料以为附益，兹谨述其流行长安之梗概如次。

西亚三种新宗教传入中国，以火祆教为最早，据陈垣先生《火祆教入中国考》②当在北魏神龟中，即公元后五一八至五一九年之间也。北魏、北齐、北周并加崇祀。唐承周隋之旧，对于火祆教并置有官，据《通典》视流内视正五品萨宝，视从七品萨宝府祆正；视流外勋品萨宝府祆祝，四品萨宝率府，五品萨宝府史。宋敏求《长安志》布政坊胡祆祠注亦谓：

> 祠内有萨宝府官，主祠祆神，亦以胡祝充其职。

---

① 《新唐书》卷一百三十三《郭英乂传》。
② 见北京大学《国学季刊》第一卷第一号。

布政坊祆祠，韦述《两京新记》谓其立于武德四年。陈先生以为唐代之有祆祠及官俱以武德四年布政坊为始也。长安火祆教祠，就《两京新记》及《长安志》所载，凡有四处：布政坊西南隅，醴泉坊西北隅，普宁坊西北隅，靖恭坊街西。洛阳之会节坊、立德坊、南市、西坊亦有祆祠。

上述唐代长安之火祆教祠及官，率据陈先生文。兹按火祆教官名萨宝，隋已有之，《隋书·百官志》云：[①]

> 雍州萨保为视从七品。
> 诸州胡二百户已上萨保为视正九品。

萨保即是萨宝，皆回鹘文 Sartpau 之译音，义为队商首领。日本藤田丰八、羽田亨、桑原骘藏诸人已详细予以讨论，兹可不赘[②]。以余所见，北齐时当即有萨宝之官，《隋书·百官志》论齐官制有云：[③]

> 鸿胪寺掌蕃客朝会吉凶吊祭，统典客、典寺、司仪等署令丞，典客署又有京邑萨甫二人，诸州萨甫一人。典寺署有僧祇部丞一人。司仪署又有奉礼郎三十人。

此所谓京邑萨甫、诸州萨甫果作何解，说者从未注意。按鸿胪寺本掌接待远人，萨甫既属于典客署，其所掌者必为侨居京邑及诸州之外国人。隋唐以前，甫字读重唇音，则萨甫与萨宝、

---

① 《隋书》卷二十八《百官志下》。
② 参看桑原骘藏氏《隋唐时代来住中国之西域人》拔刷本二五页，又九六页。
③ 《隋书》卷二十七《百官志中》。

萨保同声，与 Sartpau 一字译音亦近。余疑北齐鸿胪寺之萨甫，即隋之萨保，唐之萨宝，同为辖火祆教之官也。

又按某氏鸳鸯七志斋藏有隋翟突娑墓志，近从徐森玉先生处得见拓本，其文有云：

> 君讳突娑，字薄贺比多，并州太原人也。父娑摩诃，大萨宝。薄贺比多日月以见勋效，右改宣惠尉；不出其年，右可除奋武尉，拟通守。……春秋七十。大业十一年（公元六一五年）岁次乙亥正月十八日疾寝，卒于河南郡雒阳县崇业乡嘉善里。葬在芒山北之翟村东南一里……

翟突娑之父娑摩诃为大萨宝，必系火祆教徒无疑。又从突娑卒年七十推之，其父之为大萨宝，当在北齐、北周之时矣。突娑疑即波斯文 tarsā 一字之异译。tarsā 在景教碑中译作"达娑"，本用以称景士，同时又可用称他教教徒①。故翟突娑当亦为一火祆教徒。此志可为《隋·志》实证，而在隋代，雍州而外，洛阳之尚有萨宝，似亦由此志可以悬揣也。

又前引光启元年写本沙州、伊州地志残卷，伊州有祆庙，祆主名翟槃陁，贞观初曾至长安。文云：

> 祆庙中有素书，形像无数。有祆主翟槃陁者，高昌未破以前，槃陁因入朝至京，即下祆神。因以利刃刺腹，左右通过，出腹外截弃其余，以发系其本，手执刀两头，高下绞转，说国家所举百事皆顺天心，神灵助无不征验。神没之后，僵仆而倒，气息奄奄，七日即平复如旧。有司

---

① 参看 A. C. Moule: *Christians in China before the Year 1550*, p.178, p.216.

奏闻，制授游击将军。

敦煌亦有翟氏[①]。或谓此翟槃陁疑即羯槃陁人[②]，其说然否尚难遽定。唯翟突娑一家亦为火祆教徒，太原又多蕃族，或者亦出于西域，与翟槃陁者先后有若干之关系欤？

宋姚宽《西溪丛语》卷上论火祆教有云：

> 唐贞观五年（631）有传法穆护何禄将祆教诣阙闻奏。敕令长安崇化坊立祆寺；号大秦寺，又名波斯寺。

姚氏此条，说者多疑其不确。最近何遂先生赠北京图书馆长安出土米萨宝墓志一方，志文可释此疑，而证明姚氏之语不诬。米萨宝墓志朱书，外间尚未之见，原文漫漶，水渍而后，约略可读。《北平图书馆馆刊》六卷二号曾载志文，今不避重赘，转录如次，以资博闻：

唐故米国大首领米公墓志铭并序

> 公讳萨宝，米国人也。生于西垂，心怀□土。忠（？）志（？）等□□阴阳烈石，刚柔叙（？）德（？）。崇心经律，志行玄（？）门（？）。□苦海以逃名，望爱河而□肩（？）。□□天宝元年（742年）二月十一日□长安县崇化里，春秋六十有五，终于私第。时也天宝三载正月

---

① 参看本篇第二节注四九所举 Lionel Giles 文。（即 27 页注 Lionel Giles: *A Chinese Geographieal Text of the Nineth Century*（*Bulletin of the School of Oriental Studies*，London Institution，Vol. VI，Part 4，pp.825—846，1932）。

② 参看《沙州文录·翟家碑》。

廿六日空于高陵原，礼也。嗣妻（？）子（？）等（？）□丧（？）咸（？）不朽。

铭曰：

滔滔米君，□□□□，榆（？）杨（？）□□□□法心匪固（？），□□沉良。逝川忽逝，长夜永□。

□维天宝三载正月廿六日。

火祆教萨宝例充以胡人，此明云西域米国人，可为宋敏求《长安志》更增一证。又从此志可知长安崇化坊实有祆祠，姚氏语本不诬，敏求《长安志》记长安祆祠仅及布政坊、醴泉坊、普宁坊、靖恭坊四处，而不及崇化坊，特失记耳。

景教为基督教之别支。其入中国在贞观九年（635年），大秦国上德阿罗本（Alopen）始来长安，诏于义宁坊造大秦寺一所度僧二十一人。景教碑颂谓"法流十道，国富元休；寺满百城，家殷景福"。玄宗时又曾一度中兴。唐以后中国景教若存若灭，知之者亦鲜。明天启间，《大秦景教流行中国碑颂》出土，世人始复知有此古教。自此以后三百年来，研究景教之书，日出不穷，不可阐述。最近日本佐伯好郎为《大秦寺所在地考》一文[①]，不少新奇可喜之论。本篇于长安景教别无新知，前贤之作具在，毋待辞费，兹唯介绍佐伯氏新论梗概如次。

关于《大秦景教流行中国碑颂》出土地点，自来有长安说，盩厔说与长安、盩厔之间说三者之不同。能将此碑出土问题解决，则建中时大秦寺数问题，"灵武等五郡重立景寺"及"每

[①] 见《东方学报》东京第三册九七页至一四〇页。

岁集四寺僧徒"二语之如何解释，震旦法主景净（Adam）、关内（？Khumdan）副大德（chorep scopus）、伊斯（Izdbuzid）、大德曜轮（Mar John, episcopus）、Shiangtsua 副大德景通（Mar Sargis）诸人驻于何寺之问题，亦可涣然冰释矣。

佐伯氏根据宋苏轼《南山纪行》诗《小序》及自注，证明盩厔有大秦寺，轼诗序谓：

> 壬寅（嘉祐七年）二月有诏令郡吏分往属县减决囚禁。自十三日受命出府，至宝鸡、虢、郿、盩厔四县。既毕事，因朝谒太平宫，而宿于南谿谿堂。遂并南山而西，至楼观、大秦寺、延生观、仙游潭。十九日乃归，作诗五百言以记凡所经历者寄子由。

《南山纪行》诗自注亦谓：

> 是日（二月十七日）游崇圣观，俗所谓楼观也。乃尹喜旧宅。山脚授经台尚在。遂与张果之同至大秦寺，早食而别。……

同年十一月三日再游大秦寺有诗题为：

> 自清平镇游楼观、五郡、大秦、延生、仙游，往返四日，得诗寄子由同作。

金杨云翼曾于役盩厔，亦有《大秦寺诗》。乐坡兄弟诗中俱有《五郡诗》，佐伯氏以为五郡在盩厔，为地名，大秦寺即在其地。盩厔五郡既有大秦寺，则"灵武等五郡重立景寺"之语，其"等"字应作"类于"或"同于"解，即在灵武地方亦仿五郡重立景寺。

如此，建中时之景寺可以推知只有长安、洛阳、灵武、五郡四处，是以有"每岁集四寺僧徒"之语也。佐伯氏从而推论以为景净当驻长安。伊斯本应驻锡灵武，其时因安史乱后朔方节度使屯于长安附近，故亦来其地。景通驻于五郡之大秦寺，曜轮驻于洛阳。又一与景通同名 Mar Sargis 者则驻于灵武云。

余于今年四月因事去陕，便中得至盩厔之古楼观一游，遂亦留心寻访大秦寺遗迹，居然不虚此行，为之大慰。按大秦寺在古楼观西约五里地名塔峪，一寺翼然，今犹称为大秦寺。土人或讹为大清寺。或呼为塔寺，则以寺东有古塔，故名。苏东坡、杨云翼诗中所咏之塔，当即指此也。据旧记，大秦寺在五峰邱木山。而寺下不远稍偏西处有一村，询之村人，谓名塔峪。余疑塔峪村即古五郡旧址，今所谓五峰邱木山，当因寺后有五峰耸立，故名，而五郡之得名疑因于五峰也。余别有《盩厔大秦寺略记》，附本篇末，读者可以参阅，兹不更赘。

在火祆教、景教之后入中国者是为摩尼教。摩尼教创于波斯人摩尼（Mani），唐武后延载元年（694年），波斯人拂多诞（Furstadan）以摩尼教入中国，拂多诞义云"知教义者"。开元七年（719年）吐火罗支汗那王帝赊上表献解天文人大慕阇，并请置法堂。至二十年（732年）即加禁止，然西胡自行则不科罪；是其时流寓中土之胡人盖有摩尼教徒在内也。开、天以后，回鹘势盛，回鹘笃信摩尼教，摩尼教遂假其势以大行于中国。长安有摩尼教寺，说者以为始于大历三年，赐寺名为大云光明寺；其在长安何处，今无可考。会昌三年（843年），敕天下摩尼寺皆入官，长安女摩尼死者即达七十二人，流播之速，及其在长安之盛亦可见矣。关于摩尼教在中国之情形，有陈垣先生《摩尼教入中国考》①及沙畹、伯希和两氏《研究京师图书馆藏敦煌摩尼教残经》②两文，考证极为详尽，不更覆述。

八　长安西域人之华化

中国与西域交通以后，两方面之文明交光互影：中国自汉魏以后各方面所受西域之影响甚为显著，而西域诸国间亦有汲华夏文物之余波者。如前汉元康时龟兹王绛宾之醉心中国文明，乐汉衣服制度；隋唐时代之高昌亦有中国诗书，兼为诗赋，其刑法风俗婚姻丧葬与华夏大同；是其例也。上来所述，于唐代长安所表见之西域文明，已就耳目所及，约陈大概。唯其时流寓长安之胡人似亦有若干倾慕华化者：或则其先世北魏以来即入中国，至唐而与汉人无甚殊异；或则唐代始入中国，亦慕华风；凡此俱应分别观之也。

按唐以前西域人入中国率有汉姓：来自康居者以康为氏，安国者以安为氏，月支者以支为氏，曹国者以曹为氏；此因国名以为氏姓者也。龟兹人姓白，焉耆人姓龙，疏勒人姓裴；除龟兹白姓来源或如冯承钧先生所释而外，余皆无解；然其模仿汉姓，则无可疑也。至于昭武九姓胥以国名为姓，当大盛于唐。尉迟一部起自北魏，唐代尉迟敬德一族华化已久，与秦叔宝一家通婚，是其血统已参有中华之成分在内矣。尉迟乙僧父子与尉迟乐当隋唐之际始入中国；《贞元新定释教目录》至以尉迟乐之姓为郁持，可见其华化尚浅。其他西域各国人流寓长安，

---

① 见《国学季刊》第一卷第二号。
② Éd. Chavannes et P. Pelliot: "un traité manichéen retrouvé en Chine", *Journal Asiatique*, 1911, pp.499—617; 1913, pp.261—394.

各有汉姓，具见上述。此辈西域人本身唐时始入中国，虽有汉姓，而名字往往仍留西域痕迹，至下一代则姓名始俱华化：如裴沙字钵罗，中宗时入唐，嗣子名祥；裴玢五世祖名纠，至玢当已华化，故名为玢。安朏汗以贞观时入唐，子附国当属赐名，附国子思祗、思恭；安波主子思顺；则姓名俱华化矣。若康阿义屈达干及其四子没野波、英俊、屈须弥施、英正，以俱生于外域，不唯名犹旧贯，剺面截耳亦循本习，以较裴沙、安朏汗诸人似有别也。

又中国志墓立碑之风在来华之西域人中亦甚通行，出土各西域人墓志即其明证。火祆教人亦随中国习俗，如翟突娑、米萨宝之有墓志是也。景士墓志虽未发现，而《大秦景教流行中国碑颂》，即纯为中国风之作品，可为华化之证据。唯摩尼教人无论碑石墓志，至今未见，是为可异耳。

西域人入唐，与中国人通婚者亦多有之。安延妻刘氏，当属汉人。洛阳出土有《大唐故酋长康国大首领因使入朝检校折冲都尉康公故夫人汝南上蔡郡翟氏墓志铭》，翟氏曾祖瓒，隋朝议郎检校马邑郡司马；祖君德，唐朝散大夫太常寺丞；父方裕，清河郡清河县尉。如其所记先世阀阅非属伪造，则此亦中外通婚之一例也。唐代长安流寓之西域人应亦有娶华妇者：本篇第二节引《唐会要》所纪贞观二年（628年）六月十六日敕，有诸蕃使人所娶得汉妇女为妾之语，代宗时回纥诸胡在长安，亦往往衣华服，诱娶妻妾。天宝以后，河陇陷于吐蕃，胡客留长安不得归，亦皆娶妻生子买田宅举质取利，安居不欲归（参阅第6页注②）。是其时中外通婚数见不鲜，并为律所不禁也。

唐代流寓长安之西域人亦有衣华服效华人者。本篇第三节引刘肃《新语》尹伊判即有胡着汉帽之语。代宗时，回纥诸胡在长安者或衣华服诱取妻妾，大历十四年（779年）七月庚辰用诏回纥诸胡在京师者各服其服无得效华人[1]。皆可证明唐代长安西域人华化之一端也。

此辈倾心华化之西域人，当以于阗质子尉迟胜为最显，尉迟胜已见本篇第二节，《元龟》纪之云：[2]

> 尉迟胜，于阗质子也。……于京师修行里盛饰林亭，以待宾客，好事者多访之。……贞元初（本国王弟）曜遣使上疏，称有国已来，代嫡承嗣。兄胜既让国，请立胜子锐。帝乃以锐为简较光禄卿兼毗沙府长史还国。胜固辞，且言曰："曜久行国事，人皆悦服。锐生于京华，不习国俗，不可遣往。"因授韶王谘议。兄弟让国，人多称之。

文质彬彬，居然君子，盖不仅欣羡华服以及中国园林风物已也。至于系出西域，而著述灿然者则有尉迟乐、慧琳及贤首国师三人。尉迟乐即智严，与慧琳俱见本篇第二节。智严于开元九年译有《说妙法决定业障经》一卷、《出生无边门陀罗尼经》一卷、《师子素驮婆王断肉经》一卷、《大乘修行菩萨行问诸经要集》三卷，《贞元新录》谓其：[3]

> 经明唐梵，智照幽微。《宝积》真诠，如来秘偈，

---

[1] 参看《通鉴》卷二百二十五《代宗纪》。又《旧书·德宗纪》上亦及此，谓大历十四年七月"庚辰诏鸿胪寺蕃客入京各服本国之服"，泛指各蕃。可见衣华服效汉风者不仅回纥人为然也。
[2] 《册府元龟》卷九百六十二《贤行》；又可参看两《唐书·胜传》。
[3] 圆照《贞元新定释教目录》卷十四。

> 莫不屡承纶旨，久预翻详，频奉丝言，兼令证译。于石鳖谷居阿练若习头陀行。开元九年于石鳖练若及奉恩寺译《决定业障经》等四部，并文质相兼，得在深趣。又译《尊胜陀罗尼咒》一首及《法华经》《药王菩萨》等咒六首，时有经本写新咒入，幸勿怪之。

慧琳则：①

> 内持密藏，外究儒流，印度声明，支那诂训，靡不精奥。尝谓翻梵成华，华皆典故，典故则西乾细语也。遂引用《字林》、《字统》、《声类》、《三苍》、《切韵》、《玉篇》、诸经杂史，参合佛意，详察是非，撰成《大藏音义》一百卷。起贞元四年，迄元和五载，方得绝笔，贮其本于西明藏中。京邑之间，一皆宗仰。

是二人者当俱沈浸于中国文明之中，深造有得，是以一则"文质相兼，得其深趣"，一则"京邑之间，一皆宗仰"。大食人举进士之李彦升，以视智严、慧琳，恐亦望风却步也。

华严宗三祖贤首国师康国人，卒于长安大荐福寺，已见本篇第二节。贤首讳法藏，二十六岁即能诵《华严》兼讲《梵网》。从学于智严法师，华严宗之二祖也。咸亨元年（670年）削染于长安之太原寺。证圣初与于阗三藏实叉难陀等在洛阳再译《华严》，续法记云：

> 证圣元年三月，诏于东都大遍空寺同实叉难陀再译

---

① 《宋高僧传》卷五《慧琳传》。

《华严》，弘景、圆测、神英、法宝诸德共译，复礼缀文，师为笔受。……次移佛授记寺译。……圣历二年（699年）十月八日译毕。

此唐译八十卷《华严》也。此后屡于两京诸寺译述讲授，周旋于义净诸大德之间，以先天元年（712年）十一月十四日圆寂于长安之大荐福寺。其所著关于《华严》诸经注疏之书凡百余卷。《华严》一经之阐扬，贤首之力为多。集华严宗之大成，为中国佛教史上一大伟人，智严、慧琳俱不之逮。崔致远传之云：

　　《麟史》称没有令名者三立焉：则法师之游学、削染、示灭，三立德也。讲演、传译、著述，三立言也。修身、济俗、垂训，三立功也。

法师与智严、慧琳诸人入唐，大率不逾三世，而其华化之深如是，洵足异矣[①]。

附录一　柘枝舞小考

段安节《乐府杂录》记当时教坊乐舞有健舞、软舞、字舞、花舞、马舞之别。健舞曲有棱大、阿连（《教坊记》作阿辽）、柘枝、剑器、胡旋、胡腾；疑俱属胡舞。日本石田幹之助《胡旋舞小考》（见《史林》十五卷三号）谓胡旋舞来自康国；又以胡腾为石国舞；其说甚确，无烦辞费。唯健舞中之柘枝舞亦

[①] 续法辑《法界宗五祖略记》，崔致远撰《法藏和尚传》，俱见《续藏经》。关于贤首国师在华严宗之地位，可参看常盘大定《支那华严宗传统论》，见《东方学报》东京第三册一至九六页。

屡见于唐人书，或谓为胡舞，而未能确指所出。余意以为柘枝舞与胡腾同出石国。因举所知，敷陈如次，以为言唐代与西域文明关系者之谈助。

按柘枝舞，晏殊谓系胡舞（见《晏元献类要》），《乐府诗集》卷五十六《柘枝词·小引》，以为疑出南蛮诸国，其说云：

> 一说曰，柘枝本柘枝舞也。其后字讹为柘枝。沈亚之赋云："昔神祖之克戎，宾杂舞以混会。柘枝信其多妍，命佳人以继态。"然则似是戎夷之舞。按今舞人衣冠类蛮服，疑出南蛮诸国者也。

《因话录》（《图书集成·乐律典》卷八十八《舞部》引）又谓柘枝一辞，由拓跋氏而得名，以为：

> 舞柘枝之本出拓跋氏之国，流传误为柘枝也，其字相近耳。

刘梦得《观舞柘枝》（《刘梦得文集》卷五）诗云：

> 胡服何葳蕤，仙仙登绮墀。……

泛云胡服，未言何国。今按以柘枝为由拓跋氏之传讹，固属猜测之辞；出自南蛮诸国，亦未深考。余以为柘枝舞之出于石国，盖有二证。

石国，《魏书》作者舌，《西域记》作赭时，杜环《经行记》作赭支。《唐书·西域传》云：

> 石，或曰柘支、曰柘折、曰赭时，汉大宛北鄙也。

《文献通考·四裔考·突厥考》中记有柘羯，当亦石国。凡所谓者舌、赭时、赭支、柘支、柘折以及柘羯，皆波斯语 Chaj 一字之译音。柘枝舞之"枝"为之移切，柘支国之"支"为章移切，同属知母字。故柘枝之即为柘支，就字音上言，毫无可疑也。

复次，薛能《柘枝词》（《乐府诗集》卷五十六引）三首俱咏柘枝舞，而第一第二两首乃咏征柘羯事。其第一首云：

> 同营三十万，震鼓伐西羌。战血黏秋草，征尘扰夕阳。归来人不识，帝里独戎装。

此词末两句之故事，传说不一，兹不赘。唯就伐西羌一语而言，则柘枝词所咏乃西域事也。第二首又云：

> 悬军征柘羯，内地隔萧关。日色昆仑上，风声朔漠间。何当千万骑，飒飒贰师还。

所云柘羯，据《唐书·安国传》，犹中国言战士也。唯案《文献通考·四裔考·突厥考》云：

> 颉利之败也，其部落或走薛延陀，或走西域。而来降者甚众。……唯柘羯不至；诏使招抚之。

是柘羯亦为地名。自隋末乱离，东自契丹，西尽吐谷浑、高昌诸国，皆臣于突厥。至颉利，更委任诸胡，疏远族类。所谓诸胡，指部族中之西域种人；柘羯，即石国也。天宝九载，高仙芝将兵征石国，平之，获其国王以归。十一载，仙芝兵败于怛逻斯城（Talas）；怛逻斯城亦属石国。薛诗之"悬军征柘羯"，盖指仙芝此役而言。柘羯、者舌、赭时、赭支、柘折，皆为一地之异译，而或以名地，或以指人，卒乃以为乐舞之名，亦如隋唐时九部乐之故事耳。薛诗第三首云：

> 意气成功日，春风起絮天。楼台新邸第，歌舞小婵娟。急破催摇曳，罗衫半脱肩。

末二语为柘枝舞舞终时之姿态。咏柘枝舞而及西域，而及昭武九姓中之柘羯，则其与石国之关系，从可知矣。

柘枝舞舞者之服饰，舞时之容态，今俱不传；兹唯从唐宋人书中籀绎一二，述之如次。

柘枝舞至宋犹存，乐府队舞中十小儿队即有柘枝队。《宋史·乐志》云：

> 柘枝队衣五色绣罗宽袍，戴胡帽，系银带。

按张祜《观杭州柘枝》诗（《全唐诗》第八函第五册）云：

> 红罨画衫缠腕出。

又《周员外席上观柘枝》诗（同上）云：

> 金丝蹙雾红衫薄，银蔓垂花紫带长。

又《观杨瑗柘枝》诗（同上）云：

> 促叠蛮鼍引柘枝，卷檐虚帽带交垂。紫罗衫宛蹲身处，红锦靴柔踏节时。

白居易《柘枝词》（《全唐诗》第七函第六册）云：

> 绣帽珠稠缀，香衫袖窄裁。

刘梦得《观舞柘枝》云：

> 垂带覆纤腰，安钿当舞眉。

又白氏《柘枝妓》诗（《白氏长庆集》卷五十三）云：

> 红蜡烛移桃叶起，紫罗衫动柘枝来。带垂钿胯花腰重，帽转金铃雪面回。

可见柘枝舞舞工率着红紫五色罗衫，窄袖，锦靴，腰带银蔓垂花，头冠绣花卷檐虚帽。窄袖罗衫，即是胡服；卷檐虚帽，所谓胡帽；《宋史·乐志》之语，可以唐人诗为其注脚也。

白居易《柘枝妓》有"帽转金铃雪面回"之语；张祜《观杭州柘枝》诗云：

> 旁收拍拍金铃摆，却踏声声锦袎摧。

帽转金铃云云，《乐苑》释之甚详。《乐府诗集》卷五十六《柘枝词·小引》引《乐苑》云：

> 羽调有《柘枝曲》，商调有《屈柘枝》。此舞因曲为名，用二女童，帽（《御览》五七四引帽上尚有鲜衣帽三字）施金铃，抃转有声。其来也于二莲花中藏，花坼而后见。对舞相占，实（《御览》引无舞相占实四字）舞中雅妙者也。

陈赐《乐书》卷一百八十四柘枝舞云：

柘枝舞童衣五色绣罗宽袍，胡帽银带。案唐杂说，羽调有《柘枝曲》，商调有《掘柘枝》，角调有《五天柘枝》。用二童舞，衣帽施金铃，抃转有声。始为二莲花，童藏其中，花坼而后见。对舞相占，实舞中之雅妙者也。然与今制不同，岂亦因时损益耶？唐明皇时那胡柘枝，众人莫及也。

是柘枝舞人帽上别施金铃，妙舞回旋之际，其声拍拍，与乐声歌声相和，当更增人回肠荡气之情。《乐书》与《乐苑》所纪柘枝舞当犹唐制，宋以后便又不同矣。

柘枝舞大约以鼓声为节，起舞鼓声三击为度，故白氏《柘枝妓》诗云：

平铺一合锦筵开，连击三声画鼓催。

可见也。张祜《观杭州柘枝》诗：

舞停歌罢鼓连催，软骨仙娥暂起来。

又刘禹锡《和乐天柘枝》诗（《全唐诗》第六函第三册）亦云：

鼓催残拍腰身软，汗透罗衣雨点花。

皆可见柘枝舞以鼓声为节奏之概。张祜《观杨瑗柘枝》诗又有"缓遮檀口唱新词"之句，是舞人舞时兼须歌曲；疑系唐代乐舞通例，不仅柘枝舞为然也。

柘枝舞舞至曲终，例须半袒其衣，故沈亚之《柘枝舞赋》(《沈下贤文集》卷一）云：

差重锦之华衣，俟终歌而薄袒。

薛能《柘枝词》之"急破催摇曳，罗衫半脱肩"，即指此也。

柘枝舞颇重目部表情。刘梦得《观舞柘枝》云：

> 曲尽回身去，曾波犹注人。

沈亚之《柘枝舞赋》云：

> 鹜游思之情香兮，注光波于秋睇。

卢肇《湖南观双柘枝舞赋》（《图书集成·乐律典》卷八十八《舞部》引）云：

> 善眜睢盱，偃师之招周妓；轻躯动荡，蔡姬之謦桓公。

大约俱指舞人之流波送盼而言。"曾波注人"，亦犹夫"怎当他临去秋波那一转"耳。

柘枝舞原疑有一人单舞，与二人对舞之别；二人对舞则曰双柘枝。张祜《周员外席上观柘枝》诗亦作《周员外出双舞柘枝妓》，诗有"小娥双换舞衣裳"之句。卢肇赋亦是观双柘枝舞，《乐苑》（据《御览》引）亦云"对舞中雅妙者也"。是双人对舞应名双柘枝舞也。至于寇莱公之每舞用二十四人（见《石林燕语》）是为柘枝颠，不可以常例论矣。

关于宋代柘枝舞之大概初未之知，后得读王静安先生《唐宋大曲考》，乃悉史浩《鄮峰真隐漫录》卷四十五有柘枝舞大曲，欲识宋代柘枝舞之梗概，此盖为仅存之文献也。

王先生亦疑柘枝出于柘支，余说与之暗合，深引为荣。《鄮峰真隐漫录》柘枝舞大曲，兹抄录如左（文津阁《四库》本《鄮峰真隐漫录》论柘枝舞有残阙，兹依《彊村丛书》本）：

柘枝舞

五人对厅一直立竹竿子勾念

伏以瑞日重光,清风应候。金石丝竹,闲六律以皆调;僸佅兜离,贺四夷之率伏。请翻妙舞,采奉多欢。鼓吹连催,柘枝入队。

念了复行吹引子半段入场连吹柘枝令分作五方舞舞了竹竿子又念

适见金铃错落,锦帽蹁跹。芳年玉貌之英童,翠袂红绡之丽服;雅擅西戎之舞,似非中国之人。宜到阶前,分明祗对。

念了花心出念

但儿等名参乐府,幼习舞容。当芳宴以宏开,属雅音而合奏。取呈末技,用赞清歌,未敢自专,伏候处分。

念了竹竿子问念

既有清歌妙舞,何不献呈?

花心答念

旧乐何在?

竹竿问念

一部俨然。

花心答念

再韵前来。

念了后行吹三台一遍五人舞拜起舞后行再吹射雕遍连歌头舞了众唱歌头

□人奉圣□□朝□□□□主□□□□□留伊得荷云戏幸遇文明尧阶上太平时□□□□何不罢岁□征舞柘枝。

唱了后行吹朵肩遍吹了又吹扑胡蝶遍又吹画眉遍舞
转谢酒了众唱柘枝令

我是柘枝娇女□，□多风措□。□□□，住深□□，
妙学得柘枝舞。□□□头戴凤冠，□□纤腰束素。□□遍
体锦衣装，来献呈歌舞。

又唱

回头却望尘寰去，喧画堂箫鼓。整云鬟，摇曳青绡，
爱一曲柘枝舞。好趁华封盛祝笑，共指南山烟雾。蟠桃仙
酒醉升平，望凤楼归路。

唱了后行吹柘枝令众舞了竹竿子念遣队

雅音震作，既呈仪凤之吟；妙舞回翔，巧著飞鸾之态。
已洽欢娱绮席，暂归缥渺仙都。再拜阶前，相将好出。

念了后行吹柘枝令出队

此种柘枝舞用五人。据日本今村鞆氏《日鲜支那古代打毬考》，则高丽打毬乐中实有一人手持竹竿，得筹与否，由竹竿以为指挥。大约竹竿子即因其持竹竿而得名也。至于花心不知果作何解释？《真隐漫录》除柘枝舞而外，尚有采莲舞、太清舞、花舞、剑舞及渔夫舞，体制与柘枝舞约略相同。竹竿子在采莲舞、太清舞、柘枝舞、剑舞中俱之。花心则见于采莲舞、太清舞、柘枝舞；为由五人组成之舞队。花心大约即舞队本身之领袖；而起舞遣队之责，则由竹竿子任之，如今日乐队之指挥然也。起舞之前或念诗一首，或骈语数联，继由竹竿子与花心设为问答之词，然后正式起舞，"舞者入场，投节制容"，是为入破。入破以后，由竹竿子念七言诗一首或骈语数联遣队，于是乐止舞停。日本所传唐代舞乐，分为序、破、急三段（参看源光圀《大日本史·礼

乐志》），疑宋代大曲中之柘枝诸舞，其节奏仍如是也。

柘枝舞在唐代本属教坊，柘枝词因舞而起；至宋犹存于乐府之中，其佚当在元宋之际；自是以后，唯于词曲中存柘枝令之牌名而已。词兴而大曲亡，诸官调院本兴而词亦衰。较近于民间艺术之剧曲一盛，则烦重之乐舞归于消沈，终至灭绝，亦固其所也。

附记 本篇初稿曾载于《清华周刊》第三十七卷第十二期，兹略加修正，附于本篇之末。

附录二 盩厔大秦寺略记

关于《大秦景教流行中国碑》出土地点之有盩厔、长安及盩厔长安间三说，讨论者甚众，毋庸赘述。兹唯将盩厔之大秦寺，就余等寻访所见及者叙其梗概如次。世有继往者或不无微补焉。

盩厔县位于南山之阴，县治距西安一百五十里。大秦寺则在楼观（今名楼观台，即古崇圣观地）。民国二十二年四月二十四日，余与徐森玉、王以中、刘子植三先生同车西行，思去盩厔一访大秦寺遗迹。早发西安西门，偏西南行四十里斗门镇，二十里大王镇，入鄠县境；二十里涝店，入盩厔境；二十里尚村，二十里终南镇宿。次晨由终南镇南行，越阡陌，过乱石河滩，迤逦上山坡，穿过长里许之橡树林，即至楼观；为程约二十里。沿路阡陌纵横，皆是稻田，乡村林木蔚茂，俨然江南风物。

余等决定宿楼观，观俱道士，监院王姓，知客曾姓为湖南人。部署略定，余独出楼观西门闲眺。小山坡陡而下，尽是麦垅，一望如铺绿锦。立麦垅中向西遥望，一塔翼然耸立山麓，形制甚古。余初拟独往一览，以相距尚有数里，尚待进午膳遂止。

余等因读佐伯好郎《大秦寺所在地考》一文，因起漫游盩厔之意，拟一访所谓五郡与大秦寺者，是否至今犹有其地。而据乾隆盩厔旧志，大秦寺在黑水谷，故至楼观后，即向道士问黑水谷所在，拟于当日一游，明日即行东反。询后知黑水谷西距楼观尚有四十里，不禁为之惘然，因决于午后周览楼观附近各地。先出东门探说经台诸地之胜，复转而西，从麦垅中行至玉女泉小憩。于是越小坡，至午间所见古塔处，塔旁一寺，残破不堪。余等坐寺门前阶石上息足，余以旁有一塔，与坡公诗合，因戏言此即大秦寺也。同人皆为大笑。适有一村童立其旁，遂询以寺名，村童答以此是大秦寺，余等闻言，俱雀跃而起，喜其巧合。因相率入寺内细察，王以中先生首先发见明正统钟铭，徐森玉先生亦发见乾隆时寺僧墓铭。次日徐、王二先生赴黑水谷，考察旧志所云大秦寺在黑水谷之言是否可靠，余与刘子植先生则仍至大秦寺考察，又因寺僧之指示，得见咸丰时断碑。此三者皆足以证明此寺寺基确即以前之大秦寺，因抄录如下，以资考证。

（一）明正统钟铭

明正统九年（公元一四四四年）铸铁钟一口，悬于大殿门西檐下，钟铭东北两面可见，余为墙掩，大约俱施功德人名也。铭录如次：

五峰丘木山大秦禅寺铸级序

大明国陕西省西安府盩屋县僧会司遇仙乡大峪里地坊大唐太宗敕赐承相魏徵大将尉迟恭起建监修至玄宗国师一行弘师被土星致灾受已毕显大神通作无为相南无金

轮炽盛自在觉王如来

倒坏本寺住持僧无尽禅师重造寺宇启建□殿缺欠金钟独力难成□发诚心乞化到太和长安京兆坊张明鼎张明敏等处化到黑金壹阡陆百觔铸钗

正统岁在甲子孟夏伍月拾柒日丙寅

金火匠范琮和等钗完

皇帝万岁万岁万万岁

太子千秋天下太平万民乐业五谷丰登

盩厔县知县郑达县丞王齐主簿马驯典史许贵

（二）乾隆时寺僧墓碣

碣供养于大殿内东南面佛座上，碣文如次：

大禅师修行于终南盩厔县大峪里地坊
五峰丘木山大秦寺供奉住持僧刘儒清之墓
大清乾隆五十七年吉日书于大秦寺

（三）咸丰时大秦寺残碑

碑卧于寺门外西边麦田中，下截残去，不知所往。碑文如次：

杜亭邑
　　大老禅师法讳海阔墓表碑
易云善不积不足以成名故细行受细名大行受大（缺）
老师不唯大行堪表即细行亦无不可表也海阔石（缺）负性
柔弱寡言笑守师训但庙内无养长老代理（缺）性纯朴嗔曰

整邑大秦寺余落发地也现有积囊何不（缺）规人皆谓其贤师弟海阔不守法戒长老料其不能（缺）海阔与徒往焉甘受淡泊而不怨迨后诸事如意（缺）浪酒烂交寺业十花八九而亡海阔曰此寺坟墓在（缺）著锦数年业复如初两寺皆兴不贤而能治家若（缺）不忘其德欲立墓表嘱余作文略述生平而表现任盩厔县僧（缺）

大清咸丰九年岁在己（缺）

按以上所录，文字俱甚俚俗。唯自明以来，此寺仍名大秦寺，则因此可以确然无疑。民国《盩厔县志》谓大秦寺有记宋建隆四年（公元九六三年）重修旧碣，今已无存；据土人相告，此寺有旧碑，后移至县中云云。此移至县中之碑，其为记建隆四年重修寺宇之碑耶？抑现存西安碑林之景教碑即由此移至西安，因而十口相传，有此异闻耶？由楼观至盩厔县城尚有三十里，余等求归心切，无由至彼一验传说之然否，此事只有俟之他日矣。

苏东坡《大秦寺诗》云：

晃荡平川尽，坡随翠麓横。忽逢孤塔近，独向乱山明。信足幽寻远，临风却立惊。原田浩如海，滚滚尽东倾。

金杨云翼《大秦寺诗》亦谓：

寺废基空在，人归地自闲。绿苔昏碧瓦，白塔映青山。暗谷行云度，苍烟独鸟还。唤回尘土梦，聊此弄澄湾。

两人诗俱及大秦寺塔。按今寺大殿东相距约四十尺许有七级八棱宝塔一座，《志》作镇仙宝塔，形制虽为八棱，而与长安大雁塔约略相似。土人谓此塔即以造大雁塔所剩余之材料作成云云，说似无稽，而观其形制之近似，塔为唐物，大致可以无疑也。

　　塔最下一级中供佛像，俱系近塑。以前大约可以从最下一级依扶梯盘旋而上，不知何时将通路堵塞。塔北面有大银杏树二株，土人上下此塔，即从树上横架一梯于塔檐，由梯上飞渡。余亦依此法上塔一览。塔中自第二级以上有木扶梯，转折而上，尚完好可登。第二级第三级西壁俱塑有观自在像作斜倚势，彩饰全然剥落，只余泥胎，然其姿态之幽静，身段之柔美，令人见而起肃敬之感。疑为古塑，即非李唐，亦当为宋、元高手之作，近代工匠不能企及也。惜塔中地势逼仄，光线不佳，不能照相，至以为憾。四、五、六三层空无所有，六层制有搁版，原来当有佛像之属，今亦不存。在第七层之西南两门洞壁上见镌有番字之二砖，因于四月二十六日重至塔上，拓取数份，后携回北平以示彭色丹、于道泉两先生，始知为藏文六字真言，盖亦僧人好事者之所为也。唯所题字时亦不晚，塔内砖壁原来俱圬以石灰，其上有明天启时人题名，则石灰壁之成最迟当在天启以前。而六字真言阴文刻痕中俱填有石灰，可见此六字真言之镌刻，为时当又在石灰墁壁之前也。或即唐代之遗，亦未可知。

　　又蝥屋旧志谓黑水谷有大秦寺，证以徐、王两先生去黑水谷勘察之结果，以及东坡诗注观之，知旧志之言甚谬。东坡《南山纪行》诗自注有云：

　　　　是日游崇圣观，俗所谓楼观也。……遂与张杲之同至大秦寺，早食而别。……又西至延生观。……西行十数里，南入黑水谷。谷中有潭，名仙游潭，上有寺三。

今大秦寺在楼观西约五里，延生观又在寺西五里，而黑水谷又在延生观西二十余里，与坡诗正合。若大秦寺在黑水谷，则坡诗不应云尔，此一证也。又黑水谷两山中合一水北流，与东坡大秦寺诗所述景物无一相合。只今大秦寺背倚山麓，前俯平川，麦田翻绿，有如锦海；读九百年前坡公之诗，犹在目前。此二证也。

五郡城，据旧志在盩厔东三十里，与古楼观相近。余等至楼观后，访所谓五郡者，不得其处。而正统钟铭乾隆时刘儒清墓表俱有五峰丘木山之名，又今大秦寺下微偏西近平川处有一村，围墙大半颓塌，而门洞墙基多为石砌，与秦、豫今日所见一般乡村少异。土人自谓村名塔峪，余疑此即古五郡城遗址。依东坡诗，五郡地有水泉之美，而今塔峪村，附近溪流莹洁，亦复甘美，唯坡诗以五郡置于楼观及大秦寺之间，与今塔峪村微异，然则五郡其为别一地耶？当时匆匆，无暇细考，至今思之，犹有余憾。

佐伯氏文中又引及张景先《五郡怀古》诗，佐伯氏据《道藏》六百零五册《古楼观紫云衍庆集》转引。今按张景先此诗题于重摸苏灵芝书《唐老君应见碑》碑阴，题作"《五郡怀古》"，不作"五郡庄"；"列郡衣红锦"，"衣"不作"依"；"全家茹紫芝"，"家"不作"国"。后有"元祐丙寅九月二十有六日太平宫主张景先题太平宫道士窦清源刊"题字。凡此俱可以补佐伯氏文之缺也。

又佐伯氏以楼观附近有吕仙洞等吕纯阳之遗迹，因又重提其《大秦景教碑》书人吕秀岩即吕岩即吕洞宾之假设，以为更有可能。关于此事，余等亦获见一事，或可供佐伯氏之参考。余等于五月一日返抵洛阳，在某氏处得见新出土吕洞宾之父吕让墓志。让凡兄弟四人，以温恭俭让排行，让其季也。让有五子，一早殇，行三者名煜。据新安吕氏家乘，则洞宾行三原名煜，后改名岩，纯阳洞宾又其后改之名。其父名让，所志官阶履历，与新出土墓志正合。唯俱不云吕岩又名秀岩。是佐伯氏吕秀岩即吕岩之假设，固尚待新证据之发现，此际犹难为定论也。

（《燕京学报》专号之二，一九三三年十月出版。）

(一) 1. 窄袖披肩巾之唐代女俑（北京图书馆藏，洛阳出土）
2. 窄袖披肩巾之唐代女俑（著者自藏，洛阳出土）
3. 窄袖着折襟外衣戴帷帽之唐俑（著者自藏，洛阳出土）

(二) 1. 窄袖袒胸披肩巾之唐代女俑（著者自藏，洛阳出土）
2. 窄袖袒胸戴帷帽之唐代女俑（著者自藏，洛阳出土）
3. 着折襟胡服戴帷帽之唐俑（著者自藏，长安出土）

第一图

1.2. 着折襟胡服戴帷帽之唐代女俑（著者自藏，长安出土）

3. 着折襟胡服戴帷帽之唐代女俑（著者自藏，洛阳出土）

4. 窄袖披肩巾之唐代女俑（北京图书馆藏，洛阳出土）

5. 唐代胡人俑（著者自藏，洛阳出土，唐人诗卷檐虚帽于此可以见之）

第二图

斯坦因在敦煌千佛洞所得唐画，供养女亦着窄袖衫。洛阳龙门唐代诸窟中着窄袖衫之女像亦甚多，皆胡服也。A. Stein: *Thousand Buddhas*, titlepage 有此。今为复制备览。

着窄袖衫之供养女像

第三图

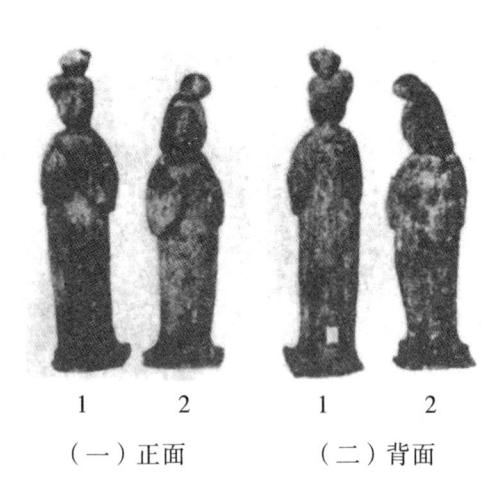

1 2　　1 2
（一）正面　　（二）背面

1.2. 堆髻之唐代女俑（著者自藏，洛阳出土）

第四图

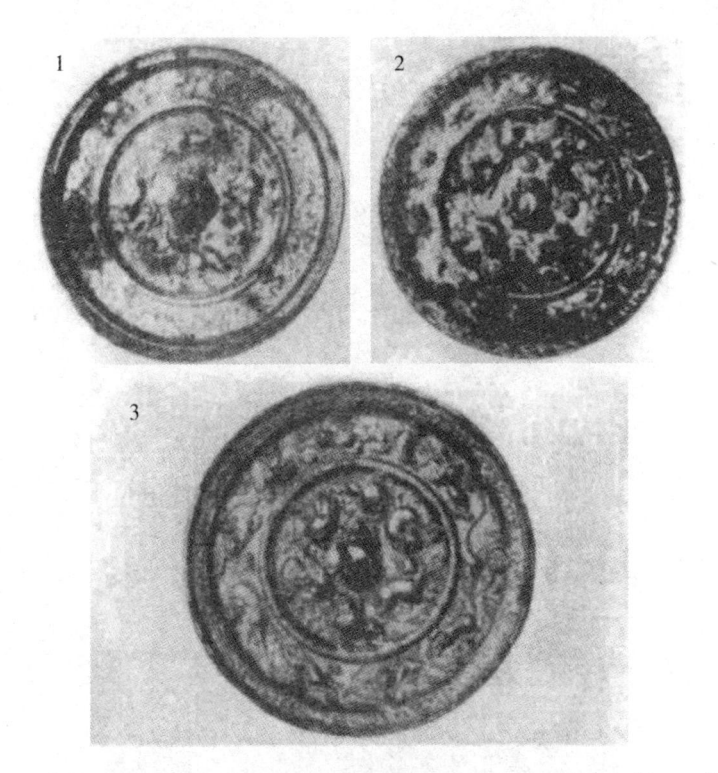

1. 唐镜（外匡花纹颇有西域风味，原镜王以中先生藏，直径9.8公分，洛阳出土）

2. 海马葡萄镜（王以中先生藏，直径9.7公分，洛阳出土）

3. 海马葡萄镜（著者自藏，直径12.7公分，长安出土）

第五图

（上）春莺啭（采自高岛千春舞乐图）
（下）团乱旋（采自高岛千春舞乐图）

第六图

（一）兰陵王（采自高岛千春舞乐图）

（二）陵王中面（采自高岛千春舞乐图）

第七图

（一）拔头（采自高岛千春舞乐图）

（二）拔头大面（采自高岛千春舞乐图）

第八图

（一）日本所传苏莫遮舞（采自田边尚雄《东洋音乐史》一一七页）

（二）苏志莫利（苏莫遮答舞，采自高岛千春舞乐图）

第九图

124 唐代长安与西域文明

（一）打毬乐图（采自高岛千春舞乐图）

（二）打毬乐图又一式（采自《骨董集》卷三）

（三）明代打毬图

第十图

西征小记
——瓜沙谈往之一

一九四二年至一九四四年两次到敦煌。回来以后,打算根据所看到的材料,写一本《瓜沙谈往》小册子,内中包括:一、《两关考》,二、《莫高、榆林两窟杂考》,三、《罗叔言〈补唐书张义潮传〉补正》,四、《瓜沙曹氏史事擅逸》,一共四篇。前三篇都写好了,只第四篇始终未有成稿。此次重印,因将一九四三年所写《西征小记》作为《瓜沙谈往》第一篇,而将《瓜沙谈往》的总题移在每篇篇名之下,作为小题。

一九五五年一月九日补记。

* * *

近年以来开发西北之论甚嚣尘上。然欲言开发西北,几无在不与史地之学有密切之关系。今即就河西一隅而试论之。秦汉以后,河西为匈奴、大月氏、乌孙诸民族互争雄长之地。汉武帝思雪高祖平城之耻,乃收河西于版图之内,一以绝匈奴之右臂，一以建立通西域诸国之走廊。于是筑长城以限胡马之南下，移民实边以奠长治久安之局。海通以前二千年来，中国与外国在政治上经济上以及文化上之交光互影，几无不取道于此。其后河西四郡虽间有短时期沦于异族，不旋踵而仍归中国，此盖非偶然也。三十一年春，国立中央研究院有西北史地考察团之组织，考察范围为甘肃、宁夏、青海三省，其用意于纯粹的学术研究而外，盖亦思以其所得供当世从事西北建设者之参考，故为此筚路蓝缕之举。余应研究院之约，奉校命参加考察。以滇西变起仓卒，交通艰阻，迟至八月方克入川。九月下旬自渝抵兰，十月初西行，经武威、张掖、酒泉，出嘉峪关以抵敦煌。到敦煌后住千佛洞者历时九月，其间曾再游两关，一访榆林窟之胜，至三十二年七月方始束装返川。万里孤征，行旅匆匆，多未周览。今略依经历所至，分记见闻，各成段落，不尽衔接；聊以备一己之遗忘，供友朋之问讯而已，阅者谅之！

* * *

余于三十一年九月二十五日自渝抵兰，十月一日西行；三十二年夏东归，于七月二十日抵兰，二十六日赴渝。来去俱甚匆匆，故于此西北名都，所知殊浅。三十一年九月始抵兰州，以友人之介，得谒慕少堂（寿祺）、张鸿汀（维）两先生。慕、张两先生为陇右前辈，熟于关陇掌故，慕先生著有《甘宁青史略》四十册，张先生著有《陇右方志录》及《陇右金石志》，主编《关陇丛书》；并以藏书著称兰垣。两次过兰，匆遽未能多所请益，兼窥所藏，亦憾事也。兰垣旧书及古董业不逮西安之盛，民十四陈万里先生西行所见之兰山市场已于三十年为敌机炸毁，今改建兰园，电影场茶肆球场纷然并陈，古董铺不复可见。在南门内一铺中见到彩陶数件，花纹粗率不足观，价既不及以前之高，顾者亦复寥寥，盖盛极而衰矣。始至阅肆，于道陛巷河声书店得见石室本唐人写《金刚经》一卷，首稍残缺，字不甚佳。又西夏字残经一册，写本刊本俱备，首有一小篇磁青纸金书，极精，末又有刊本八思巴蒙古字及回鹘字残叶数篇，合贴成一厚册，索价二千元，以价昂未购。只选取刊本回鹘字残经十三篇。大约俱元代所刊写者。其西夏字一册，三十二年夏东归往询，则于旬日前为张大千所得矣。又获蒙古钱一枚，幂八思巴字"大元通宝"四字，其后在张掖又得一枚。唯在河西一带，始终未见西夏文钱，亦所不解也。金天观在西门外，俗名雷坛，壁画《金阙玄元太上老君应化图》，凡八十一化。三十二年东归，曾一往观，观内今为某干部学校所据，画壁画之两廊改为寝室，壁画剥落，视前加甚。其所绘与成都二仙庵刊《老君历世应化图说》同，画则清初之所作者耳。

　　　　＊　　　＊　　　＊

武威为张介侯（澍）先生故里。先生一生于关陇文献，网罗放失不遗余力。生平著述等身。其《二酉堂丛书》，藏书家几于家喻户晓。先生著述未刊者极多，身后散失殆尽。二十二年在西安，从碑林碑估段某处得悉光、宣之际，法国伯希和自敦煌东归，道经西安，即从彼处购去先生著作未刊稿本不少。二十七年在法京国立图书馆见到数种，皆伯希和所购得者，摩挲遗编，感喟无既。介侯先生后家秦中。三十一年过武威，访问先生轶事，则知者寥寥，可慨也。武威又有一李树键先生，清末为山东学使，著《续通鉴纪事本末》数十巨册，在兰州曾见其书，民初逝世。家富藏书。两次过武威，俱以匆促不克往观也。武威古刹旧有大云、清应、罗什诸寺，民十四陈万里先生西行，尚俱栋宇无恙，民十六河西地震，武威受祸最烈，诸寺皆荡为云烟矣。罗什寺址今为武威中学校，大云、清应则只余断壁颓垣，两塔各塌去一半，其形制犹是唐代之旧也。大云寺旁一钟楼，上悬大钟一，"大云晓钟"，为昔日凉城八景之一。钟青铜铸，上镌天王像，形极奇诡，而无铭文。旁有乾隆时康伯臣碑，谓是前凉时物，实则唐代所铸耳。西夏文天佑民安碑及唐景云碑俱于震后移至文庙。清应寺西为藏经阁，内贮康熙时西宁写本番字《大藏》一部，原百零八函，今佚去数函，黄缎经袱，层层包裹，保存至佳。文庙在城东南隅，今改为民众教育馆。三十一年西行及三十二年东归两过其处，识王凤元、郝仁甫二先生。在陈列室见到有天禧三年题识之陶器一件，系三十年张掖西三十里古城所出。据历史语言研究所傅乐焕先生云，此是西夏李得明时物，其时西夏尚奉宋正朔，故题识云耳。又见一木塔，六面俱绘佛像，彩色如新，描绘极精，不失五代宋初规模。木塔中空，据说明书云，内中原有小银塔一，银塔上镌"于阗国王大师从德"云云。原出敦煌千佛洞，今银塔为马步青攫去，而以木塔存武威民众教育馆。五代时于阗与瓜沙曹氏互为婚姻，则此当是于阗国供养千佛洞之物。银塔所镌铭文虽未窥其全，然其有裨于瓜沙曹氏与于阗关系之研究则无疑也。馆内所藏，除西夏文天佑民安碑及唐景云碑外，又有高昌王世勋碑，虞道园撰文，康里子山真书，赵世延篆额，碑阴为回鹘字，于民二十二出土于武威城北二十里之石碑沟，今亦移存馆内。碑上半已断去，犹高一公尺九十公分，广一公尺八十公分，可谓巨制矣。馆中尚藏有武威南山中出土唐代墓志十余方。其中如大长弘化公主、青海王乌地也拔勤豆可汗慕容忠及河东阴山郡安乐王慕容神威迁奉诸志，皆可以补正两《唐书·吐谷浑传》，甚可珍贵。弘化公主一志，民十四陈万里先生西行已见拓本，著录于其《西行日记》中，今馆中说明谓与青海王志皆民十六出土，恐有未确。弘化公主墓出马俑二具，亦在陈列室中，腿已断去，身尚完整，彩色如新，姿态比例俱极佳妙；其后至敦煌见千佛洞诸唐窟壁画上之马无一不生动者，唐人之于画马似有特长，亦一奇也。青海王墓出二白磁罇，全体完好无缺，釉色甚佳。青海王乌地也拔勤豆可汗慕容忠卒于武后圣历元年，则此二磁罇盖初唐时物矣。杜工部《又于韦处乞大邑瓷碗》诗云：

大邑烧瓷轻且坚，扣如哀玉锦城传。君家白碗胜霜雪，急送茅斋也可怜。

近人言唐瓷者，率艳称越窑，激赏其"千峰翠色"，而于邛州大邑白瓷则少有道者。唐代四川与河西交通频繁，武威青海王墓所出二白磁罇，疑即唐人所云之大邑瓷也。客中无书，姑识此以待考。又北凉沮渠蒙逊于凉州开石窟寺，唐释道宣《集神州三宝感通录》卷中述之云：

凉州石崖瑞像者，昔沮渠蒙逊以晋安帝隆安元年据有凉土，二十余载，陇西五凉，斯最久盛。专崇福业。以国城寺塔修非云固，古来帝宫，终逢煨烬，若依立之，效尤斯及。又用金宝终被毁盗。乃顾眄山宇，可以终天，于州南百里，连崖绵亘，东西不测，就而斫窟，安设尊仪，

> 或石或塑，千变万化。有礼敬者，惊眩心目。中有土圣僧，可如人等，常自经行，初无宁舍。遥其便行，近瞩便止，视其颜面，如行之状。或有罗土垄地，观其行不，人才远之，便即踏地，足迹纳纳，来往不住。如此现相，经今百余年。彼人说之如此。所云土圣僧灵迹亦见《释迦方志》卷下《通局篇》。

其规模之大于此可以想见。所记土圣僧灵瑞，则中国敬奉宾头卢罗汉之最早见于记载者也。据《魏书·释老志》，前凉佛教从敦煌一转手，而北魏又得自前凉。是凉州石窟寺恰介乎敦煌与云冈之间，为研究中国佛教艺术史绝重要之材料。然其所在，唐以后便无人道及，存否至今成为一谜。或以安西万佛峡当之，非也。张掖东南百四十里有马蹄寺，石窟为数约四十，三十一年地理组吴印禅、李承三、周廷儒三先生自青海越祁连山至张掖，曾便道往游。据其所述石窟形式，层累而上，与道宣所纪亦复不类。在武威时曾以凉州石窟所在叩诸郝仁甫先生，郝先生亦不之知，唯云武威东南张义堡山中有大佛寺，佛为石镌，甚大，寺前一方石，上镌"晏筵石"三字，体类六朝。寺左右石崖上依稀有石窟痕迹，唯以凉城地震剧烈，石崩崖摧，多不可辨云云。则成为一谜之凉州石窟，或犹在武威南一带山中欤？安得好事者负粮裹糇一访之也！

* * *

武威以西是为张掖。汉武帝开河西四郡：立酒泉以为中权重镇，北控居延，南枕祁连，西有敦煌以为前卫，东有武威，张掖为之后路，卒能击破匈奴，以雪高祖之耻。时移代异，而形势依然。至于武威、张掖则流水争道,阡陌纵横,林木蔚茂,俨然江南。故唐以来即有"塞北江南"之称。地产米麦,又多熟荒。将来如能筑坝蓄水,改用机器耕种,用力少而产量增,以其所出供给河西,足有余裕,以前有"金张掖,银武威"之谚,洵非虚语。二十七年以后,西路闭塞,于是张掖市面逐渐萧条,武威以通草地,东路货物来源较易,商业状况转好,因又有"银张掖,金武威"之谣。总之二地在河西经济上之地位极为重要。昔人于武威、张掖深沟高垒,有金城汤池之固,良有以也。余于三十一年十月一日自兰州抵武威,休息一日,三日自武威至张掖,四日至各处游览。西来寺建于清代,后殿塑欢喜佛像,盖喇嘛教之制作也。卧佛寺兴修于西夏时代,其后累加修饰,今卧佛像乃臃肿不堪。四日下午往游南门外天主堂果园,晤常德辅神甫(Joachim Zacher, S.V.D.)。常神甫德国人,至华已五年,操华语极流利。元代甘州路有十字寺,《马哥孛罗游记》亦谓甘州有基督教教堂,以此询常神甫,谓元代十字寺寺址疑即为今城内城隍庙云云。张掖又有西夏时黑河建桥碑,旧在城南四十里之龙王庙,三十二年春为驻军辇致城内民众教育馆,其夏东归,无暇往观。碑一面为汉字,背阴旧传为西夏文,实西番字,西夏文云云传闻之讹也。十月五日自张掖赴酒泉,出西门三十里,地势略高,迤逦而上,道两旁土阜累累,即为土人相传之黑水国故址。三十年青海驻军骑兵韩师,在此大事发掘,将旧城拆毁,取城砖铺筑公路,长达十里。三十年于右任过此,曾检得有大吉二字铭文及草隶砖,卫聚贤并得有图像砖,俱是汉代物。疑今所谓黑水国,或即汉张掖故城亦未可知。武威民众教育馆所藏有天禧三年题识之陶器,即韩师发掘此城中古墓所得者。据云遗址发掘仅及其三分之二云。

五日下午抵酒泉，风日惨淡，始有塞外之感。酒泉城内外俱无可观览。所谓酒泉在东关外里许道北。同治十二年清军既下酒泉，大事修葺，颇有亭台之胜。数十年来变乱频仍，颓败不堪。酒泉东门门洞内两侧墙上各嵌石柱一枚，高约二公尺半，阔约半公尺，上俱镌回鹘字，三十二年夏东归，始克细览。疑此原是元代碑碣，一面汉文，一面回鹘字，修酒泉城时，解碑为二，用支门洞，另一面汉文嵌于墙内，遂不可见。近有人倡议于酒泉建西北文化陈列馆，则此回鹘文残石亦应在保存之列也。

玉门油矿，久已见于载籍，《后汉书·郡国志》酒泉郡延寿县注引《博物记》曰：

> 县南有山，石出泉水，入如筥䉛，注池为沟。其水有肥，如煮肉卤，㳊㳊永永，如不凝膏。然之极明，不可食。县人谓之石漆。

《元和郡县图志》卷四十肃州玉门县条云：

> 石脂水在县东南一百八十里。泉有苔如肥肉，燃之极明，水上有黑脂，人以草盎取用涂鸱夷酒囊及膏车。周武帝宣政中，突厥围酒泉，取此脂燃火，焚其攻具，得水逾明。酒泉赖以获济。

石漆也，苔也，皆未经炼过之原油也。光绪季叶德人某曾取原油至上海化验，油居百分之五十，蜡三十，杂质二十。以所在僻远，交通不便，遂置之。神物湮沈几二千年，至今日始以供用，是知一物显晦，亦自有时也。余于三十二年七月东归，十二日自安西乘油矿局车赴矿，十三日留一日，周览各井及炼厂，十四日自矿赴酒泉。将来西北开发，利用机器垦荒耕地，其有赖于油矿之处正甚多也。

甘州河与北大河合流而后过鼎新北注居延海，是为额济那河，俗称曰二里子河。汉长城障塞自北大河北岸迤逦而东，沿额济那河以迄于居延海。此一带盖汉与匈奴百战之场。俄国科斯洛夫（Kozlov）于居延海旁之黑城子（Karakhoto）发现西夏文文书不少，英国斯坦因（M.A.Stein）在此亦有所得。瑞典海定（Sven Hedin）考察团之贝格曼（Bergmann）则在额济那河旁废墩中得汉简万余枚。是二里子河且亦为考古者之圣地矣。自酒泉东北行一百四十里至金塔，更三日是为鼎新，由鼎新驼行十许日即至黑城子。今则勉强可通汽车，视前远为便捷。

* * *

安西以风多著闻于世，故俗有"安西一场风"之谚，谓其一年到头皆是风也。余于卅一年十月八日自酒泉西行，至玉门尖，下午抵安西。以城内无住处，由人介绍与同行诸君往宿飞机场。场北即乾隆时所筑新城，西面城垣为风裂成缺口十余道，宽与昆明所辟便空袭时出城用之缺口同，风力之猛可见一斑。自玉门至安西，公路沿疏勒河北岸而西。北望戈壁大漠，平沙无垠，路南废城烽燧，迤逦不绝，皆汉、唐间古长城以及障塞之遗址也。汉、唐时代此种障塞，北有大漠北山可资屏障，南有长河以供灌溉。说者谓当时胡马南下，越过北山大漠以后，南方水草地域在汉族控制之下，千里赍粮，人劳马疲，军略上已处于不利之地，胜负之数不待决战而后知矣。自今视之，其言信然。自安西至敦煌，旧为四站，二百八十里。三十一年尚无公路，汽车即循大车辙道，顺三危山取西南向，在戈壁上行，道颇崎岖。出安西西门，沿飞机场西南行，七十里瓜州口。瓜州口北四五里瓜州废城，盖清代之所筑也。南行里许一小庙，四壁壁画残存少许，藻井画亦未全毁，尚是五代之物。自瓜州口西南行七十里甜水井，水苦涩。贰师将军之悬泉据云即在甜水井南十余里三危山下，俗名弔弔水，以其出自山崖，故名。又七十里疙瘩井，又七十里敦煌城。余于三十一年十月九日午抵敦煌，下午即去千佛洞，住其间者凡九阅月。中于同年十月中旬至南湖一访阳关遗址，三十二年三月旬往游大方盘、小方盘，探玉关之胜迹，访河仓之旧城。其年四月复自敦煌至南湖，由南湖北行越中戈壁以至西湖，再访玉关，然后东行以归敦煌。五月至安西，礼万佛峡诸窟，历时一周，复返千佛洞。七月遂东归返川。以在敦煌历时稍久，见闻较多。以下分两关遗址，敦煌附近之古城与古墓，西千佛洞、莫高窟与榆林窟，在此所见到之敦煌写经，凡四项，各纪大略。

（一）两关遗址 汉代之玉门关、阳关，皆在龙勒县境内。汉龙勒县，至唐曰寿昌，即今敦煌西南之南湖也。阳关即在南湖，玉门关位于敦煌西北，距敦煌凡二百里，今小方盘城即古玉门关遗址，自南湖北行一百四十里至其地。南湖有人户百余家，游览较便，三十一年十月既至敦煌，晤地理组吴、李、周诸先生。李承三先生以事先东归，吴、周二先生议游南湖，余与同行，往返四日。是为第一次访阳关。翌年三月油矿局敦煌木料采运处有至敦煌西湖勘察木料之举，途经大方盘、小方盘二城，乃古河仓城玉门关遗址，余与同行。往返六日。是为第一次访玉门关遗址。至四月，敦煌驻军因事往勘南湖及西湖，来邀同往。

先自敦煌至南湖，复由南湖北行至西湖，沿小方盘、大方盘路以返敦煌，往返亦六日。是为再访两关。关于两关遗址之考证及其他问题，具见余所作《两关杂考》，为《瓜沙谈往》之第二篇。兹所记者沿途道里大概而已。先自阳关始。出敦煌西门，过党河（汉氏置水唐之甘泉也）。五里敦煌旧城，自此西南行，十五里南台，二十里双墩子，三十里大墩子，七十里南湖店，宿。店位于党河北岸，茅屋三间，炕上屋椽，烟熏若漆，蛛丝下垂，益以灰尘，喻者谓似瓦松倒植，又以为如藤花满架。偶一震动，灰尘簌簌下坠，自禅家视之，则此即是乱坠之天花也。清代于此设石俄博汛，今店东五里许党河北岸犹有房屋遗址，墙垣俱以鹅卵石砌，倾圮殆尽，当即其处。自南湖店西行，五里西千佛洞。党河发源于南山中，自东西流，至是成西北向冲破三危山成一峡谷，出峡后复折向东北以达敦煌，然后北流，汇入疏勒河中。自敦煌以至南湖店西约四五十里，俱行戈壁中，以后地渐陡，四面沙丘，俗呼沙窝子，车骑俱困。未至南湖十许里，一地曰山水沟，沙丘中时见版筑遗迹，今则杳无人烟。南湖于三十一年冬筑有一小城，名曰阳关堡，自敦煌入新大道即经堡前，而又适当南湖之中心。堡北俗呼工上，又分为南工、北工，因坝而得名。堡南俗名营盘，南湖诸泉，即在其东，方圆可十余里，夏日芦苇丛密，凫雁飞翔，一行猎之佳处也。阳关堡西北三里许有地名古董滩，自古董滩北里许即红山口，亦名龙首山，两山中合，一水北流。出红山口西北行十余里是为水尾，居户十余家，南湖一保所辖止于此。自水尾而北而西，戈壁大漠遥天无际。堡东北五六里是为古寿昌城，城东西北三面城垣尚未尽圮，城中北面沙丘堆积高与城齐。城东南隅有光绪乙巳春安肃兵备道和尔贯额书、知敦煌县事汪宗翰立之古阳关碑一，故世亦有以古寿昌城为即古阳关故城者，此不考之过也。案阳关遗址久已淹没，土人且有阳关隐去之说，用益增其迷罔。然阳关屡见于唐人地志，而其方位则实以寿昌县之所在为其考定之尺度。《汉书·地理志》谓龙勒县有阳关。据《新唐书·地理志》，寿昌县治龙勒城，是唐代之寿昌即因汉龙勒旧县而改也。《元和郡县图志》卷四十沙州条寿昌县因县南寿昌泽为名。寿昌泽亦名寿昌海，敦煌某氏藏后晋天福十年写本《寿昌县地境》寿昌海下注云：

> 源出县南十里，方圆一里，深浅不测，即渥洼池水也。

此所谓寿昌泽或寿昌海，即今日之南湖，南湖垦地因此得名，正在古寿昌县南。《旧唐书·地理志》谓阳关在寿昌西六里，《元和志》同，《新唐书·地理志》则作十里，巴黎藏石室本又一《沙州图经》同。古寿昌县即唐寿昌城遗址，则必非阳关可知也。今红山口及古董滩位于寿昌城西约六七里。出红山口西北行百四十里是为小方盘城，即汉玉门关故址，自古董滩西行，则为通南疆之大道。古董滩去红山口不过一里而遥，今人时于其地得玉铜诸器以及陶片，临洮周炳南藏汉简十余片，其一有阳嘉二年五月二十日敦煌长史行诸字，亦出于此，故据唐人书，汉代之阳关应求之于今红山口及古董滩之间，以寿昌遗址为古阳关，不可信也。

汉玉门关亦在龙勒县境内。自斯坦因于今敦煌之小方盘城发现汉代属于玉门都尉诸版籍以后，小方盘城之即汉玉门关遗址，久已成为定论。今自敦煌至小方盘城有二道。一取道南湖，出红山口，十五里水尾。由水尾北行，循戈壁四十里至卷槽，其地以前可以耕种，后以来自南湖之水源不继，道光中叶以后遂归湮废。今沟渠阡陌遗迹尚历历可见，败壁颓垣巍然峙于荒漠之中。自卷槽更北行约三十里芦草井子，有井一，水尚可饮，自水尾至是七十里始略见水草。由芦草井子更北行五十余里，沿途渐见胡桐树，即至小方盘。一道出敦煌西门过党河，经飞机场西北行戈壁中七十里头道沟，牧羊人筑土房一，小庙一，有水，更二十里为人头疙瘩。或则出敦煌西门后，过党河即偏西北行，自飞机场北取道武威堡入戈壁。七十里碱泉子，小泉一泓，方圆数丈，水赤红如马溺，咸苦不可饮。自此西行二十里至人头疙瘩，与头道沟之道汇，为程亦九十里。唯取道头道沟以至人头疙瘩，俗云九十里，实在百里左右，视碱泉子一道为稍远。头道沟至人头疙瘩之间，道旁时见小阜，质为沙石，风化剥蚀，离乱零落，细者扬为灰尘，化作砂砾，戈壁小石以此为多。大者如房，或亦盈丈，散布道旁，如虎踞，如狮蹲，有时排列道左右绵亘里许，则又似埃及之人首狮身怪兽。自人头疙瘩以西七十里至大方盘城，景物尤奇。小阜或以剥蚀过甚，突立若窣堵波，若墩台；或则四围环合，顶平若削，中为平沙，自缺口策马以进，如入古城，如游墟市。沿途胡桐树甚多，往往成林，汉、唐烽燧掩映其间。薄暮时夕阳斜照烽燧以及土阜上，反射作黄金色，则又似蜃楼，似海市。浑疑此身不在荒漠之中矣。始至人头疙瘩，即见其北远山一抹，横亘天际，是为北山，山南汪洋一片成银白色，则疏勒河下游，所谓哈喇脑儿，义为黑海子者是也。哈喇脑儿以东数十里，敦煌称之为北湖，安西称之为西湖。两县人每年春于此耕地种麦，雨多则丰收，是为撞田。疑即汉效穀县地。自人头疙瘩以西，俱沿疏勒河南岸行，春夏之间，河水泛溢，到处沮洳，颇碍车骑。行七十里至大方盘城。

城在河南，城南戈壁陡起，一墩翼然耸峙其上。城北数十步即是苇滩。城分内外二重。外城城垣倾圮已尽，唯北垣仅存少许。原来四面俱有碉楼，今西南隅一碉楼尚完整，高约三丈，西北及北面者犹存残基。内城建于高约一公尺半之石台上，东西长南北狭，中分三室，隔以墙垣，更无门户以通往来。三室面南各自辟户。今东西北三面周垣犹存，南面略有倒塌。形制不类普通城堡。伦敦藏石室本《敦煌录》曰：

河仓城，州西北二百三十里，古时军储在彼。

《鸣沙石室佚书》影印巴黎藏石室本《沙州图经》亦有河仓城，谓周回一百八十步，文曰：

右在州西北二百卅二里，俗号河仓城。莫知时代，其城颓毁，其址犹存。

斯坦因据《敦煌录》所记，以为大方盘即古之河仓城，其说是也。河仓城唐又名河仓烽，据《太平寰宇记》，唐时敦煌西北与寿昌盖以此为界。自大方盘南循戈壁西行四十里是为小方盘城，汉玉门关之故址也。城周垣犹存，面西一门，北垣一门已堵塞。巴黎藏石室本残《沙州图经》亦有玉门关，谓城周一百卅步，高三丈，今犹如此，知尚是唐代之旧。城北稍东约一百公尺，一土阜形似废墩，斯坦因在此得汉简甚多，其玉门都尉诸版籍即出于是。城北土阜如废墩者合此骈列而三。东南距城约二百公尺，亦有数土阜，三十二年四月过此，曾以兵士一班掘之，历一小时才进一公尺许，土坚不可入，遂罢。是否真为古代烽燧遗址，尚未能决也。自小方盘西行三十里为西湖，俗名后坑子，泽中芦苇丛生，形稍屈曲，自西北略偏东南，古所谓曲泽，或即指此。三十里间汉代长城尚有存者，自小方盘迤逦于以迄于西湖东沿，高处往往达三公尺，版筑而成，每层之间铺以芦苇，错互相交。十里之间辄有一墩，成六棱形，墩下例有小室方丈许，隔成四间。室顶尽塌，而墙垣门灶痕迹尚可见。室旁砌土级上墩，今毁，迹仅有存者。此当是逻卒之所居也。长城其直如矢，自西湖至小方盘不稍邪曲。越西湖而西，不见长城，唯有烽燧。余两次游踪，俱只止于此。据云自此西行两站约百四十里，尚时见烽燧之遗迹云。自南湖至小方盘，中间一百四十里并无长城遗迹，唯水尾以北每约十里即有一墩台，以迄于小方盘，此盖汉代烽燧。疑两关之间即以此等烽燧为之联络为之眼目，以防行旅之偷渡也。

（二）敦煌之古城与古墓 以上所述之两关遗址以及河仓城古寿昌城，皆为敦煌有名之古城，为游历考古之士所艳称者也。然汉敦煌郡治敦煌、冥安、效谷、渊泉、广至、龙勒六县，其冥安、渊泉、广至三县在今安西境内，敦煌、效谷、龙勒三县在今敦煌境内。魏、晋以后，建置纷繁，典午之世敦煌一郡领县至十二，视汉且倍之。大率旋兴旋废，初鲜常规。至今敦煌境内除前举两关诸遗址外，古城残迹犹时时可以见之。今出敦煌城南门或东门，复东南行约十五里，过敦煌沙漠区边际，越沙丘，即至一地名佛爷庙，以有小庙一座故名。庙建于光绪十五年，至今将六十年，栋宇如新。其地弥望皆是土阜，绵亘南北可五六里，东距戈壁不足半里。西则沙丘连绵，土阜不复可见。然西面沙丘中间有平地，屋基痕迹，依稀可辨。土阜间陶器碎片到处皆是，形制与他处所见六朝以及唐代之陶器同。则其地必是一古城遗址也。《敦煌录》云：

> 州（沙州）南有莫高窟，去州二十五里。中过石碛，带山坡至彼，斗下谷中。其东即三危山，西即鸣沙山。

所谓州南当是州东南之误，千佛洞 $\frac{C300}{P17bis}$（C 为张大千所编号，P 为伯希和所编号。以下仿此）号窟窟外北壁上有唐人书《莫高窟记》，亦曰：

> 右在州东南廿五里，三危山西。

可证《敦煌录》莫高窟条州南之误。是唐代之沙州去今千佛洞二十五里，在千佛洞之西北。今自敦煌城至佛爷庙约十五里，由佛爷庙东南行戈壁中约十五里，上小山坡，坡尽复为戈壁，鸣沙山即在其南。此一戈壁为程亦约十里，行尽然后向南折下谷中，即至千佛洞。其情形与《敦煌录》《莫高窟记》所纪同，则今佛爷庙一带遗址，疑即为唐、宋时代之沙州也。唐、宋时代之沙州已在党河东岸，故自敦煌经阳关以入西域者，必须过党河。《新五代史·四夷附录》引晋天福间高居诲《使于阗记》曰：

> 瓜州南十里鸣沙山，云冬夏殷殷有声如雷，云《禹贡》流沙也。又东南十里三危山，云三苗之所窜也。其西渡都乡河曰阳关。

王静安先生以都乡河为即党河，恐有未谛。唐、宋时代之沙州固已在党河东岸，然唐名党河曰甘泉水，都乡河则都乡渠之别名也。《鸣沙石室佚书》影印巴黎藏石室本《沙州图经》七所渠之第四所为都乡渠，文曰：

> 右源在州西南一十八里甘泉水马圈堰下流，造堰拥水，□里，高八尺，阔四尺。诸乡共造，因号都乡渠。

因其诸乡共造，类乎总渠，水势较大，俗又名之为河耳。非党河也。

又出敦煌城西门，过党河五里敦煌旧城。城垣尚有存者，城内则悉夷为田畴矣。道光《敦煌县志》卷七《古迹》敦煌废郡条云：

> 今按沙州旧城即古敦煌郡治也。今在沙州之西，墙垣基址犹存。以党水北冲，城墙东圮，故今敦煌县城筑于旧城之东。

汉以后之敦煌郡治果在何处，尚无可考。唯按巴黎藏石室本《沙州图经》一所故堤条引《十六国春秋》言嘉兴五年（公元四二一年）沮渠蒙逊率众攻李恂，三面起堤，以水灌城。使其城在党河以东，蒙逊似难筑堤以引水也。故汉、魏以降以迄六朝，敦煌旧城，或竟在河西，如《道光志》之所云。自旧城西约十里，俗名南台县，亦名沙枣城，土阜累累，呈南偏西南向，长约十里。岂汉以来之敦煌郡治，当求之于此欤？此非发掘无由考定也。又《沙州图经》言古效穀城在州东北三十里，周回五百步，唐时北面颓基尚数十步。今敦煌城东北数十里，乡人云尚有古城遗址，是否即《图经》所云之效穀城，未曾目验，不敢定也。

凡此所陈，皆在敦煌附近之古城遗迹也。敦煌属之南山中尚有党城，自敦煌南行入南山约二百里即至其地，以位于党河上游之北岸，俗因呼之为党城，视寿昌城为大，不知筑自何代。案西凉李昌曾筑城于敦煌南子亭以威南虏。子亭一地至唐、宋时犹存。巴黎藏石室本《沙州图经》，卷首残缺，纪甘泉水自南山发源，沿途所经，以及抵敦煌附近，酾为诸渠情形。其中即有子亭之名，辞云：

> 上残多野马中缺狼虫豹窟穴。其中缺里至子亭镇西三中缺约九字烽。又西北流六十里至山阙烽。水东即是鸣沙流山。中略其水西有石山，亦无草木。又东北流八十里，百姓造大堰，号为马圈口。中略其水又东北流卅里至沙州城，分源溉灌。下略

所谓山阙烽大约即指西千佛洞西之党河口，党河西北流至是冲破三危山成一峡口，然后复转而东北。烽置于峡口，故曰山阙，清代有党河口卡汛，大约即在其地附近也。自山阙烽至子亭镇里程，以《图经》文有残缺，不能详知，疑不过百余里。今从党城西行至党河口两日程，与子亭镇距山阙峰之距离相近，则党城或即西凉以来之子亭镇遗址，亦未可知也。伯希和、羽田亨合编《敦煌遗书》收有《敦煌名族志》残卷，其所载阴氏有阴仁干为沙州子亭镇将，又有阴琛者为行瓜州雍归镇将。万佛峡张编六号窟门洞南壁供养人像自东至北第一人为慕容遝盈，第三、第四两人题名结衔俱带紫亭镇遏使，今具录如次：

> 施主紫亭镇遏使银青光禄大夫检校散骑常侍保实第三人
>
> 施主紫亭镇遏使……第四人

慕容遝盈为曹议金婿，后唐清泰时知瓜州刺史，慕容保实盖其孙子，当在宋代。紫亭即子亭，天福本《寿昌县地境》可证。

又巴黎藏石室本《罗盈达邈真赞》云:

誉播衙庭,兼受极任。紫亭贵镇,蒿理边城。抚育疲徒,如同父母。又迁上品,委任马步都。

又赞曰:

注持雄镇,抚育孤危。荣超都将,名透丹墀。

是至唐、宋之际,子亭不仅犹为驻兵之所,且系瓜沙南藩一雄镇,非亲贵不能膺斯重寄也。又千佛洞 $\dfrac{C214}{P130}$ 号窟,窟檐修于宋太平兴国五年曹延禄之世,窟主为阎员清,窟檐梁上有员清题名,其全部结衔作:

窟主节度内亲从知紫亭县令兼衙前都押衙银青光禄大夫检校刑部尚书兼御史大夫上柱国阎员清

是在瓜沙曹氏之世,且于紫亭设县置令矣。紫亭县既不见于《元和郡县志》,《太平寰宇记》亦未著录,千佛洞题名恰可以补史之阙文也。雍㟞镇,亦见万佛峡张编六号窟,窟内门楣上元至正二年书《斋粮记》,地无可考,疑即今万佛峡南之石包城。

又按敦煌一地,汉、唐以来即绾持西陲锁钥,为华戎所支一都会,五代宋初瓜、沙曹氏且称王自娱。而二千年来此地土著与夫强藩之郁郁佳城究在何处,此亦至堪耐人寻味者也。《沙州图经》记有州东二十里之阎冢,为阎骊祖倞之墓,高三丈五尺,周回三十五步。巴黎藏石室本阴善雄《墓志铭》,谓葬于州东南漠高里之原;罗盈达《墓志铭》,谓葬于莫高里阳开河北原。

又如《孔公浮图功德铭》《索法律窟铭》，俱纪及葬地。凡此是否犹有可寻，盖考古之士所亟欲闻知者也。三十一年冬始至敦煌，即闻人言佛爷庙至千佛洞中途戈壁上有砾石堆甚多，疑是古代墓葬遗址。其后数次往观，则自佛爷庙以东此种砾石堆累累皆是，迤东以至于新店子，长达三四十里。大都中为砾石堆成之小阜，高者及丈，低则几与地平，为数三五不等。堆前亦有砾石铺成之狭长小道，稍稍高起。外以砾石堆成长方形之外围，高仅尺许，制同围墙，面南或西辟一甬道。三十二年三、四两月赴西湖，则见敦煌北面戈壁中亦有类此之砾石堆，唯不及佛爷庙东戈壁上之弥望皆是耳。敦煌西戈壁上以及南湖附近俱有此种砾石堆，形制大概相同。亦有于长方形外围之一端树以土墼砌成之二墩，形同双阙者，其余则无异也。土人相传称此为营盘，有七十二座连营之说，以为乃昔日兴修千佛洞时，监守军士驻扎之所，东向直达安西云云。就其形式观之，与斯坦因、黄仲良诸人在高昌所发掘之六朝以及隋、唐古墓绝相类似，则其为古代之墓葬群，盖无可疑也。三十三年夏西北科学考察团历史考古组至此从事发掘，以前之所推测者一一证实。佛爷庙东戈壁上者大都为六朝时代之墓葬，鸣沙山下及新店子有双阙者则率属唐代。此种墓葬，即就佛爷庙东戈壁上以至新店子一带而言，为数逾万，兹所者不逮千分之一。其所蕴藏之有裨于汉、唐以来瓜沙古史以及西陲文化之研究者，可以臆测也。

（三）西千佛洞莫高窟与榆林窟　石窟寺之制度实起于印度，由印度以及于西域，然后传至中国。河西为中古时代中西交通之孔道，中外文化之交流几莫不由是，故石窟寺亦较他处为特多。敦煌有西千佛洞以及古名莫高窟之千佛洞；安西有古名榆林窟之万佛峡以及昌马之东千佛洞；玉门有赤金之红山寺；酒泉有文殊山；张掖有马蹄寺；武威有沮渠蒙逊所开今不知所在之石窟。此皆属于河西者也。自此逾乌鞘岭而东，则永靖有炳灵寺，天水有麦积崖，泾县有石窟寺，邠县有大佛寺。秦陇间之石窟寺约略尽矣。其间陇右多为石刻，河西率是塑像以及壁画；论时代则又以河西为先，陇右不过承河西之余波而已。河西诸石窟，凉州者已不可踪迹，马蹄寺疑受西番之影响，为时非古，文殊山、红山寺、东千佛洞大都残毁，所余无几。河西诸石窟寺壁画塑像之可称道，而为我艺术上之瑰宝者，仅西千佛洞、莫高窟、榆林窟三地而已。时贤或立敦煌艺术之名，要当合此三者而观之方可以知其梗概也。

　　西千佛洞在敦煌西南七十五里，以前唯二三外国游人至此，相与称道，近三数年则国人知之者亦渐众矣。出敦煌西门，过党河，西南行七十里，南湖店，更西行五里许，党河北岸戈壁上二窣堵波翼然峙立，半就倾圮，形制犹是宋、元之旧。自此缘坡斗下谷中，河北岸即为西千佛洞。窟下土屋三间，一道人携一幼女居此。屋前白杨成列，略有田畴，与莫高窟仿佛，而规模差小。窟即位于党河北岸。绝壁临流，凿崖为窟；党河即自窟下蜿蜒东逝。窟存者为数十五。以前大约俱有阁道通连，今已崩塌，另辟蹬道，并将窟壁凿通，以便往来。可以登临者计凡九窟。又六窟高踞绝壁，莫由攀跻，只能自崖下仰望，略窥仿佛而已。南湖店下临党河处亦有三窟，壁画仅有存者，窟亦崩塌过半。张大千共为编十九号：南湖店起十七号讫十九号；西千佛洞起一号讫十六号。就曾登临之诸窟言之，大都为元魏一代所开，唐及五代、宋初续加兴修。窟中央有中心座，座四面凿龛，中塑佛像。四壁多绘贤劫千佛及佛跌坐说法像，亦有绘佛涅槃像者。中心座及四壁佛像下绘金刚力士像，与莫高窟诸魏窟同。莫高窟诸魏窟四壁及藻井于贤劫千佛像外，间绘佛本生故事，而西千佛洞则此类作品甚少。只第九窟窟内南壁西段绘《睒子经》故事，东段绘牢度叉斗圣，此则又为莫高窟诸魏窟所未有者。诸窟供养人像男子着裤褶，女子窄袖长裙，与莫高窟诸魏窟同。塑像多是犍陀罗式，画法较之莫高窟诸魏窟更为真率简朴。第五窟中心座东面座下有发愿文一篇，可辨识者尚七十余字，盖佛弟子昙藏为其亡祖父母及父母造像之发愿文也。文上又遭为时少后之人涂抹，上一层不甚可辨，文末比丘尼惠密（？）供养佛时及亡母田青苟供养佛时二行可识。盖北魏人真书之极精者。第六窟窟内南壁西段有朱书"如意元垂五卍"六字题记，日字下为人以刀子截去。案巴黎藏又一残《沙州图经》卷首有云：

  右在县东六十里。《耆旧图》云，汉中缺佛龛，百姓渐更修营。下缺

此一残卷所志为寿昌县。寿昌东六十里纯是戈壁，仅西千佛洞为可兴修佛龛，友人夏作铭先生因云此所记即西千佛洞，其言是也。就此残篇测之，西千佛洞之开创，纵不能早于莫高窟，当亦与之相先后也。其未能攀登诸窟，据张大千云一窟有于阗公主供养像，题名已漫漶，盖又是五代或宋初之所兴修矣。西千佛洞合南湖店下三窟，张大千凡编十九号，有壁画者只十八窟，以前疑不止此数，至今西千佛洞二号窟以西崩塌诸窟痕迹尚历历可见。遥想古代自西千佛洞至南湖店，沿党河北岸（或竟缘河南北两岸），当俱有石窟，迤逦高下，如蜂房，如鸽舍，

其庄严华丽或者视莫高窟竟有过之。只以地当党河转向处，水流迅急，直趋北岸，水啮崖根，深入寻丈，危崖虚悬，崩塌自易。重以窟上即是戈壁，漫无遮拦，岩层虽与莫高窟同属玉门系，而所含石砾远较莫高窟者为粗，大者如盆如碗，小亦如拳如卵，更易崩裂。故自西千佛洞至南湖店，沿党河北岸，为风剥蚀，崖壁裂成深沟，形同峡谷。此亦为石窟毁坏崩塌之一重大原因。是以就自然毁坏言之，西千佛洞之危险程度，盖远过于莫高窟也。

安西之万佛峡古名榆林窟，位于安西南一百四十里之山中，适当踏实河两岸。出安西西门，西南行逾十工山（即三危山）七十里破城子，南行过戈壁四十里水峡口。斯坦因所云之小千佛洞，土人亦名曰下洞，即在峡口，两岸共存十一窟。自水峡口入山，沿踏实河南行，二十里蘑菇台子，又十里至万佛峡。亦有自安西先至踏实者，为程九十里，由踏实然后取道水峡口以至万佛峡，为程亦七十里。万佛峡有窟约四十，有壁画者张大千凡编二十九号。窟在踏实河两岸。东岸二十窟，上下二层，下一层自北至南为一至五号，上一层自南至北为六至二十号。西岸九窟，自南至北为二十一号至二十九号。两岸相距不及一百公尺。万佛峡诸窟窟门外大都有一丁字形甬道，长者至达十五公尺。以两岸相距甚近，峭壁陡立，反光颇强，故窟外虽有长十五公尺之甬道，窟内光线依然甚佳。而以有甬道以为保护，风日俱不易侵入，窟内壁画受自然损坏之程度亦不若千佛洞之烈。中如第十七窟壁画，颜色线条一一若新，盖千佛洞所未有也。窟多修于瓜、沙曹化之世，供养人题名足以补曹氏一代史事者，颇复不少，应与千佛洞诸题名合而观之。余可参看《瓜沙谈往》第三篇《莫高、榆林两窟杂考》，不复赘。

敦煌千佛洞，古名莫高窟，在敦煌城东南四十里。出敦煌城东门或南门，东南行，十五里佛爷庙。自此而东行戈壁中，南即鸣沙山，十五里上山坡。坡尽复为戈壁，约十里向南斗下谷中，是为千佛洞。即古之莫高窟也。窟在鸣沙山东端，峭壁削成，高达十丈，南北绵亘三里许。一小河发源南山，北流经窟前，蜿蜒北行，遂没入戈壁中；今名此水曰大泉，疑即唐人所云之宕泉。窟前白杨成行，拔地参天，盛夏浓荫四合，不见天日，几疑行韬光道中，皆二十年前道士王元箓之所植也。有上、中、下三寺。上、中二寺邻接，在最南端，大约创建于清乾隆时，中寺今犹存乾隆时雷音禅林寺额；二寺俱由喇嘛住持。下寺在最北端，与上、中二寺相距约里许，为道观，盖王元箓所创修者。隔河东望约四五里，即三危山，遥视山色青黑如死灰，薄暮时夕阳返照，色又紫赤，如紫磨金；近之石骨崚嶒，如植剑，如露刃，抚之则随手纷坠。三十二年教育部收千佛洞为国有，于其地设敦煌艺术研究所，以中寺为研究所所址；自张编第一号窟起至一六二号窟止，筑一长围。上寺划诸墙外，改为新运促进会服务所。复于下寺驻兵一排，以资保护。缁流黄冠风流云散。千佛洞自始创至今历千六百年，将以此为最大之革命矣！千佛洞诸窟张大千凡编三百零九号，复益以耳洞若干；伯希和编一百七十一号，而每一号之副号有达三十者；综计有壁画之窟数当在四百左右也。

关于莫高、榆林诸窟创建之年代，及其在中国佛教艺术史上之地位与价值，国内外时贤论之已众，兹不赘。今唯略记两处自魏至宋确有年代可考各窟之年号，此为明了壁画时代之尺度，研究敦煌佛教艺术者不可不知也。次则于莫高、榆林诸窟供养人像之题名有裨于唐、宋时代历史以及瓜、沙故闻之研究者，亦为之略述一二，莫高、榆林诸窟历史学上之价值，借此可以知其梗概也。

榆林窟窟数不多，又多属唐、宋以后所重修，有年代题记者寥寥无几。只十七窟窟门外有光化三年题记一篇，墨色如新，唐人行书极为飞动。然窟固修于光化以前，壁画为中唐佳作，谓为开于光化三年者非也。十三窟窟门外有雍熙五年戊子重修题记，雍熙只四年，五年戊子为端拱元年。第十窟窟外甬道壁上有西夏人书《住持窟记》一长篇，末题国庆五年癸丑。国庆为天赐礼盛国庆之省书，乃西夏秉常年号，癸丑为国庆三年，五年为乙卯非癸丑，二者必有一误。榆林窟所有唐、宋时代纪年约尽于此。莫高窟诸窟有年代可考者以元魏一代为最早。$\frac{C86}{P121}$号窟北壁壁画下发愿文已漫漶，而"时正光□年"诸字犹隐约可见。莫高窟诸窟题识年代无早于此者。$\frac{C83}{P120n}$号窟窟内北壁发愿文有魏大统四年及五年诸年号，各魏窟壁画保存之佳，年号之清晰，当以此为最。唯其中二方，不知是何妄人思欲以刀子截去，以致残损，诚堪痛恨。$\frac{C94}{P137a}$号窟窟内中心座北面座下有隋开皇四年六月十一日发愿文，$\frac{C96}{P137d}$号窟窟内北壁壁画下有开皇五年正月发愿文；文俱残缺。有隋代年号者只此二窟。$\frac{C270}{P64}$号窟原为初唐时开，复经宋人重修，三十二年冬为人全部剥离，唐初画居然完好。窟内北壁壁画下方一小牌子有贞观十六年岁次壬寅奉为天云寺律师道弘云云题记；窟内门楣上有□玄迈造像记，末亦有贞观十六年纪年。此为翟家窟，道弘、玄迈疑俱翟姓。李唐一代年号以此为第一。$\frac{C215}{P120}$号窟外飞檐上有大字朱书贞观二十二年阴仁本云云题记。贞观年号总凡三见。$\frac{C137}{P149}$号窟窟内门楣上有垂拱二年发愿文，大致完整。同窟北壁维摩变下有武后时张思艺造《维摩变发愿文》，文存下半，张思艺姓名上尚隐约可见圣历二字。$\frac{C26}{P28}$号窟窟内佛龛下发愿文已漫漶，文末万岁三年诸字尚可识。武后一代年号只此三事。$\frac{C289}{P41}$号窟窟内佛龛南菩萨像侧有"清信弟子张承庆为身染患发心造二菩萨天宝七载五月十三日毕功"题记。同窟南壁观音像侧一题记云，"观世音菩萨弟子阚日荣奉为慈亲蕃中隔别敬造"。是此窟于沙州陷蕃以后又经重修矣。$\frac{C287}{P48}$号窟窟内佛龛北菩萨像上有"天宝八载四月二十五日书人宋承嗣作之也"一题记。窟则亦经后人修过。$\frac{C186}{P156}$号窟窟内南壁壁画已剥落，上有上元二年题识，的是唐人书，盖未画以前之所题。然此是肃宗之上元，非高宗之上元，就壁画可以知之也。$\frac{C20}{P16}$号窟有咸通七年三月二十八日魏博弟子石弘载及浙江东道弟子□□□题记一方，为张大千所剥离，临行以赠敦煌艺术研究所，不知原在窟内何处。唯此乃开天时乐庭瓌所开窟，咸通题记当是重修时书耳。$\frac{C285}{P50a}$号窟窟内佛龛下有咸通十三年发愿文，窟内东壁一女供养人像题名有舍贱从良云云，亦莫高窟供养人题名之别开生面者也。唐代年号约尽于此，计凡十一见。又$\frac{C283}{P51c}$号窟窟内门楣上有□佛赞文，文内有河西节度使张公称谓，末作岁次癸亥，画属晚唐。则此所谓节度使张公，盖为张承奉，癸亥乃昭宗之天复三年，李唐年代此为殿军矣。至于五代则每姓恰有一年号以为代表，亦是一奇。$\frac{C61}{P96a}$号窟窟外有梁贞明五年造像愿发文残片。$\frac{C187}{P155}$号窟窟内佛龛下发愿文为唐清泰甲午所记，盖后唐废帝之元年。然此是隋窟，五代人重加修理耳。$\frac{C203}{P136n}$号窟窟门已崩塌净尽，佛龛下有晋天福□年发愿文一篇，此亦是隋窟，非五代人所开也。$\frac{C65}{P99}$号窟窟内东壁有汉乾祐三年发愿文一篇。$\frac{C25}{P26}$号窟窟外门楣上发愿文有大周广顺七年诸字尚可识，七字不甚清晰，广顺无七年，疑或是三字。窟内为唐初开，只窟外天王像系五代人笔而已。宋代有$\frac{C212}{P136}$号窟窟外窟檐，为乾德八年曹元忠修，乾德只五年，此盖开宝三年也。窟檐梁上有题记。此亦是隋窟，元忠重修门洞及窟檐，然窟檐内天王像为宋代佳塑，言塑像者所不可忽者也。$\frac{C214}{P130}$号窟窟外窟檐为太平兴国五年曹延禄之世阎员清所修，窟檐梁上有题记二段。原亦是隋窟，初唐重修，阎氏又修窟檐也。$\frac{C224}{P120z}$号窟窟外窟檐为开宝九年曹延恭之世所修，开宝九年即太平兴国元年也。窟檐梁上有题记。檐外北壁上有太平兴国三年及庆历六年宋人题名二则，宋人题名此为仅见。此窟亦是初唐所开。宋代年号只此五事。元人在各窟题名最多，亦最恶劣，明代则只成化十五年及正统十二年二则，清人题名始于雍正。此种题名年代虽似无关宏旨，然历代在河西之进退消长，几俱可于此见之，是亦治史者所当知也。又$\frac{C63}{P96c}$号窟为一晚唐窟，塑像全毁，壁画亦粗率，西龛壁上乃有宋元嘉二年题壁。不唯画非六朝，字亦是近人恶札。且莫高窟诸六朝窟皆在第二层或第三层，此在最下，殊为不类。其为近人赝作，毫无可疑；学人不必于此妄费考辨也。其$\frac{C110}{P128}$窟窟内佛龛北壁上之梁大同八年题记，则敦煌任子宜先生游戏之作，谨书于此，以谂来者。西千佛洞仅武后如意元年一题记，已见前，不更赘。至于研究敦煌壁画，年号当然非唯一之尺度，此外尚应就各窟之构造形式，供养人像之服饰，绘画之色调技术作风诸项，参befc比互，始能明其大较，所谓年号不过尺度之一种而已。

敦煌自天宝乱后，遂沦吐蕃，凡百余年，至大中初张议潮兴复旧物，始以瓜、沙、伊、肃等十一州户口图籍来献，重奉唐家正朔。石室本《敦煌录》谓莫高窟"其谷两头有天王堂及神祠，壁画吐蕃赞普部从"云云。壁画吐蕃赞普部从之天王堂及神祠，以及《大蕃阴处士修功德记》所载兴修诸窟，今俱无可考。莫高窟诸窟今确知其为吐蕃据有沙州时之所兴修者，有$\frac{C10}{P6}$一窟，$\frac{C164}{P163}$一窟，$\frac{C169}{P166bis}$一窟，$\frac{C209}{P136c}$一窟，$\frac{C301}{P19bis}$一窟。$\frac{C10}{P6}$号窟窟内门楣上绘供养人像，北男南女，中间一牌子上大虫皮三字尚隐约可见。窟内东壁门南女供养人像第一人题名云：

夫人蕃任瓜州都督□仓曹参军金银间告身大虫皮康公之女修行颖悟优婆姨如济（？）弟（？）一心供养

$\frac{C301}{P19bis}$号窟窟内塑佛涅槃大像，门洞宋人重修，经张大千剥离，下露供养比丘像，北面一像上题云：

大蕃管内三学法师持钵僧宜

$\frac{C164}{P163}$号窟窟内塑七佛大像，佛座及四壁经宋人重修，佛座下今剥出藏文题识三行，喇嘛谓藏文末题虎年修云云，藏文下有汉字发愿文一长篇，唯无年号。而$\frac{C169}{P166bis}$号窟窟内门楣上绘供养人像，形貌服饰与$\frac{C10}{P6}$号窟窟内门楣上所绘者同，疑亦是吐蕃据有沙州时所修也。$\frac{C209}{P136c}$号窟窟内门楣上供养人像与$\frac{C10}{P6}$及$\frac{C169}{P166bis}$二窟同，唯窟内壁画塑像俱属隋代，则此不过吐蕃时代所重修者耳。大虫皮乃是吐蕃武职官阶，或者因其身披大虫皮，故名。《旧唐书·吐蕃传》纪贞元二年九月凤翔节度使李晟使将王佖夜袭吐蕃营，命"候其前军已过，见五方旗虎豹衣，则其中军也。出其不意乃是奇功"云云，是其证也。唐代吐蕃官制，书史纪载不多，此却可以补两《唐书》之阙。又《南诏德化碑》及樊绰《蛮书》俱纪有大虫皮之制，金银间告身亦见于《德化碑》。往治南诏史颇为不解。今见莫高窟供养人像题名，则南诏之制实袭吐蕃之旧。天宝以后阁罗凤臣服逻逤，贞元时始重奉唐朔，其文物制度受吐蕃之影响，亦势所必至也。因见莫高窟吐蕃时代供养人像题名结衔，遂拈此解。以西陲之残迹，证南服之古史，或亦治李唐一代故实者之所不废也欤？其莫高窟诸窟所有张议潮一代诸供养人像题名结衔之足以证明张氏一代之史事，补正罗叔言所撰《张议潮补传》诸点，已于《瓜沙谈往》第四篇《〈补唐书张议潮传〉补正》一文中具论之，不复赘。

张议潮收复瓜、沙以后，淮深、承奉继有其地，垂七十年，承奉且建西汉金山国号圣文神武皇帝。卒为甘州回鹘所迫，以致败亡。后梁贞明中遂由长史曹议金继州事，历四叶至百四十年，瓜、沙晏然不见兵革。曹氏史事亦只散见于新旧《五代史》及《宋史》中。上虞罗叔言始裒集群书著为《瓜沙曹氏年表》，前后凡两易稿，而后曹氏一代一百四十年之史事，年经月纬，历历可考。然张氏败亡以后，议金继起，是否仅以长史之地位得掌州事？抑其间尚有其他因缘，因成张、曹继世之局？又其时甘州回鹘雄张东道，于阗李氏虎踞西陲。瓜、沙曹氏处两大之间，无一战之力，而竟能绵历四祀，未遭覆灭。果操何术，而能致斯？说者于此俱未之及。今证以莫高、榆林诸窟供养人像题名，则其中消息，似不难窥知也。关于曹氏与回鹘、于阗之关系，拟别为《瓜沙曹氏史事摭遗》一文述之，兹唯就前者而略论之。

张议潮妻宋氏，其兄议潭妻索氏，具见巴黎藏石室本《张氏勋德记》，及莫高窟 $\frac{C45}{P79}$ 又 $\frac{C300}{P17bis}$ 诸窟供养人像题名。而 $\frac{C5}{P1}$ 号窟窟内北壁一女供养人像题名作：

> 河西节度使张公夫人后敕授武威郡君太夫人阴氏一心供养

此窟女供养人像与 $\frac{C300}{P17bis}$ 号窟女供养人像衣饰形态俱相似，疑属同一时期，而武威郡君太夫人阴氏当是张淮深之妻也。$\frac{C75}{P117}$ 号窟窟主为曹元忠妻翟氏，窟内东壁门北女供养人像第七人为曹延禄妻于阗国天册皇帝第三女天公主李氏，第八人题名作：

故外母武威郡夫人阴氏一心供养

$\frac{C42}{P74}$号窟窟主为于阗国王，其后即曹议金女，题名作：

大朝大于阗国大政大明天册全封至孝皇帝天皇后曹氏一心供养

$\frac{C75}{P117}$号窟窟内东壁门南女供养人像第三人，亦是议金女之出嫁于阗者，其题名与上举者全同。而$\frac{C42}{P74}$号窟窟内南壁女供养人像第三人题名作：

故□王母太夫人武威阴氏

$\frac{C75}{P117}$号窟之故外母，外下脱一字，$\frac{C42}{P74}$号窟之故□王母，故下一字漫漶；合二者而参观之，当俱是故外王母。而$\frac{C42}{P74}$号窟门洞北壁俱是男供养人像，其第一人题名结衔大部分尚可辨识，作：

故外王父前河西一十一州节度管内观察处置押蕃落支度营田等使金紫光禄大夫检校尚书□□□□中缺授中缺万户侯赐紫金鱼袋上柱国下缺。

此皆是张氏节度河西时所带之官勋，曹氏未之有也。故所谓故外王母阴氏与$\frac{C5}{P1}$号窟之河西节度使张公夫人后敕授武威郡君太夫人阴氏当即为一人，而故外王父则即是张淮深。以曹议金子女所修之窟，而称张淮深夫妇为外王父、外王母，则议金应为淮深之婿。然议金妻今可考者凡三，一为甘州回鹘圣天可汗之女，所谓天公主陇西李氏者是也。一为钜鹿索氏，大约元德、元深即索出；一为广平宋氏，则元忠之生母也。就莫高、榆林诸窟供养人像题名考之，议金之妻尚未见有姓张者。唯淮深女亦可能为议金之母。使后一推测为不误，则淮深应为议金之外王父，其子女而称淮深为外王父，殊为不伦！然上举二窟之为议金子女所兴修确然无疑，而故外王父、外王母诸题名又至为清晰，何以彼此枘凿，殊为不解。议潮妻宋氏，议潭妻索氏，而议金妻亦为索、宋二氏。或者议金二妻俱与淮深为侄辈，以内亲之故，元忠等因相攀附，称之为外王父欤？顾即所知者而试论之，则曹、张二家之有婚姻关系，为无可疑之事，是以张氏败亡而后，议金以长史遂能继长州事，历四世百四十年而不坠也。

（四）在此所见到之敦煌写经 敦煌石室藏书菁华既为斯坦因、伯希和所捆载以去，其残余遂于宣统二年由清学部命甘省全部辇送北京，今国立北平图书馆之所藏者是也。然自敦煌至北京几近万里，是以沿途之遗失以及到京后为有力者之所劫取，往往而有。而自光绪二十五年五月二十五日藏书发现，以迄于三十三年斯坦因东来之间，自有不少流入达官贵人以及当地人士之手。斯坦因、伯希和搜括以后，益之以学部之收买，而遗存于千佛洞者为数仍复甚多，一部分封存于$\frac{C146}{P160}$号窟内二转经桶中，一部分为道士王元箓所隐匿。民三斯坦因重至敦煌，尚从王道士手中购去五百七十余卷，而二转经桶中之所藏者，亦于民三前后散佚。民初张广建长甘，以石室写经为买官之券，民间所藏几为一空。民二十二任美锷先生漫游西北，至于敦煌。民二十五于英京晤任先生，话及此游，谓曾在敦煌一人家见到写经近二百卷。则敦煌私人所藏固未尽也。民二十七知敦煌县事某君于石室写经有特好，因此迭兴大狱，锁琅珰者不绝于途。匹夫无罪，怀璧其罪，此之谓也。自是而后敦煌人遂视此为祸水，凡藏有石室写经者，几无不讳莫如深，动色相告。余于三十一年十月抵敦，以之询人，辄不之应。三十二年二月以后，始辗转获见二十余卷。世变方殷，则此区区者将来或亦不免为有力者负之而趋，以致荡为云烟，化作劫灰！因于所见诸卷，凡稍有可取者，俱为略识数语，汇记篇末，庶几征文考献者有所稽焉。

敦煌人藏石室写经者，大都不愿告人，唯任子宜先生于此不甚隐讳。曾观其所藏，凡见写经六卷，残片三册。《大般若经》一卷是唐人写本。又长兴五年即后唐闵帝之应顺元年、废帝之清泰元年六月十五日三界寺比丘道真所书三界寺藏内经论目录一卷，首尾稍缺，长约三公尺半。道真有发愿文书于卷中，其辞曰：

> 长兴伍年岁次甲午六月十五日，弟子三界寺比丘道真，乃见当寺藏内经论部不全，遂乃启颡虔诚，誓发弘愿，谨于诸家函藏，寻访古坏经文收入寺，修补头尾，流传于世，光饰玄门，万代千秋，永充供养。愿使龙天八部，护卫神沙，梵释四王，永安莲塞。城隍泰乐，社稷延昌。府主大王常臻宝位。先亡姻眷，超腾会遇于龙花，见在宗枝，宠祐常沾于亲族。应有藏内经论，见为目录。

所著录者尚存一百四十八部。又梵夹式蝶装本一册，凡九十三叶，计收《菩提达磨南宗定是非论》《南阳和上顿教解脱禅门直了性坛语》《南宗顿教最上大乘坛经》及神秀门人净觉注《金刚般若波罗密多心经》，凡四种，只《定是非论》首缺一叶十二行，余俱完整。末有比丘光范跋云：

> 遗法比丘光范幸于末代获偶真诠。伏睹经意明明，兼认注文了了。授之滑沔，藏保筐箱，或一披寻，即喜顶荷。旋妄二执，潜晓三空，定众法之源，乃诸佛之母。无价大宝，今喜遇之；苟自利而不济他，即滞理而成悭法。今即命工雕印，永冀流通。凡下缺约一叶。

光范《跋》缺一叶，不知仅刻《心经》一种，抑兼指前三者而言。任君所藏，当是五代或宋初传抄本，每半叶六行，尚是《宋藏》格式也。《南宗定是非论》，英、法藏本残阙之处可以此本补之。《南阳和上语录》首尾完整，北平图书馆藏一残卷。《六祖坛经》，可与英、法藏本互校。净觉注《心经》，首有行荆州荆原作全，误长史李知非序，从知此注作于开元十五年。净觉乃神秀门人，书为《大藏》久佚之籍，北宗渐教法门由此可窥一二。四者皆禅宗之重要史料也。其残片大都拾自莫高窟，为之熨贴整齐，装成三册，写本刊本不一而足。汉字残片外，回鹘、西夏以及西域古文纷然并陈。中有版画残片十余，其一作女供养人胡跪礼佛像，傍有曹氏吉祥姐牌子，当是五代瓜、沙曹氏之世所刊。线条无咸通九年王瑜刊《金刚经》扉画之劲挺，而婉转圆润，殊为可喜。残片一段后有元泰定时题记，又其所藏《龙种上尊王佛印法经》残卷末有至正题记。因此二事，任君遂谓石室圈封，当在蒙古之世。此恐不然。不唯英、法与我所藏石室遗书无咸平以后片纸，即藏经窟外壁上所绘菩萨赴会像，亦的是宋人笔，与蒙古无涉。泰定题记后人赝作，有至正题记残卷，出自他窟，俱不足以为推测石室圈封之典据也。

又在他处见唐人书《大般若经》残卷一卷，《大涅槃经》残卷一卷。《无量寿宗要经》五卷，一卷有张良友写题记，北平图书馆亦有张氏所写者一卷。又五代人书《羯磨戒本》残卷一卷，《大乘稻竿经随听手镜记》残卷一卷。《手镜记》存七十余行，末有题记一行，作：

大番国沙州永康寺沙弥于卯年十二月廿五日写记归正

盖吐蕃据有沙州时之写本也。又残《道经》一卷，存七十余行，全录《上元金录简文真仙品》，凡十余段。字体与以前所见神泉观道士马处幽写诸经类似，开、天时写本也。又《采华造王上佛授决号妙华经》一卷，首尾完具，凡五十一行。卷中授作穮，臣作悳，俱武后所制新字，盖其时人书。原卷黄麻纸书，保存甚好。又天复二年翟奉达写《逆刺占》一卷，存二百九十六行，长四四一点七公分，首尾完具，仅卷中略有残损。纸背唐人书《诗毛氏文王之什诂训传》第廿三卷十六郑氏笺，存一百二十二行，卷首黏天成三年《具注历序》不全，一面为《历法立成》，只余数行。此与残《道经》等二种俱从张大千处见到。《逆刺占》藏敦煌邓秀峰处，三十二年归青海粮茶局局长韩某，装裱时将《逆刺占》褙去，亦一劫也。《毛诗诂训传》当可补英、法所藏之阙佚。《旧唐书·经籍志》有《逆刺》三卷，题汉京房撰，与翟奉达所写者疑是一书，唯未分卷为稍异。书中文辞鄙俚，且时杂像教话语，只以其中涉及京房，《旧书》不察，遂题为京房撰；《新唐书·艺文志》著录《逆刺》三卷，不题撰人，庶几得之。《逆刺占》末翟奉达题云：

> 于时天复贰载岁在壬戌四月丁丑朔七日，河西敦煌郡州学上足子弟翟再温记。

姓名旁注曰："再温字奉达也。"后又有七言诗二首、五言诗一首，皆奉达作，末复题云：

> 年廿作，今年迈见此诗，羞煞人，羞煞人！

奉达为历学世家，至显德六年尚从事于撰历工作。天复二载年二十，显德六年已七十七，可谓耄而好学矣。敦煌某氏藏有后晋天福十年州学博士翟上寿昌张县令《寿昌县地境》一卷，闷不视人，求之二年，仅从窦萃五、吕少卿二先生处得见传抄本，据以录副。瓜、沙地志传世者无虑十余种，而首尾完整者寥寥无几，此其一也。所谓州学博士翟即翟奉达。关于《地境》大概，余别有《记敦煌石室出晋天福十年写本〈寿昌县地境〉》一文，兹不赘。三十二年三月复于敦煌邮局蔺君国栋处见唐人写《地志》残卷一，存一百六十行，长三公尺，首尾残缺。存陇右道、关内道、河东道、淮南道及岭南道，余阙如。每州识其属县，州则记其距京都里程、贡品、州及县之公廨本钱。旁复以朱笔记其等第。其中如河东道之石州本离石郡，天宝元年改为昌化郡，此本已作昌化，是在天宝元年以后。关内道之坊州，此本著录中部、鄜城、宜君三县，天宝十二载析宜君置升平，此本不见升平之名。又河东郡蒲州之桑泉，于天宝十三载改临晋，此仍作桑泉。就此诸证，可知其为天宝初年写本。其所载公廨本钱，以及州县名称，可以补正《元和志》及两《唐书·地理志》者甚多。唐初地志传世无几，则虽残篇断简，亦可宝也。纸背另书《占云气书》一卷，存《观云章》《占气章》，彩图下附注释。卷末有图无文，盖写而未完者。《新唐书·艺文志》兵书类有《兵法云气杂占》一卷，不知是否即为此书。在此所见石室遗书二十余卷，仅禅宗史料四种，《逆刺占》《毛诗诂训传》《寿昌县地境》及此为稍惬心怀耳。

余旧有《敦煌别录》之辑，英、法所藏石室遗书，其零篇断简较为别致者，无论经史与夫里巷小说悉为收录，凡得百数十种。此行所录，亦十余种，辑成一册，署曰《敦煌余录》。劫余之余，聊以资他日之怀念而已！

＊　　＊　　＊

河西一地，将来在经济上究能开发至何种程度，今日尚难预言。唯其在政治上以及经济上之地位，以之与汉、唐相较，初不因时代迁移，而失去其重要，此则可以断言者也。历史上历代在此进退消长之机，地理上河西一隅人地相应之故，时贤自有宏篇巨制为之推究阐明，若余之不学盖不足以语此。今之所述，大都琐屑微末，无当宏旨，所谓不贤识小，故曰《西征小记》云尔。

三十二年一月十六日至二十一日写初稿于莫高窟，三十三年重来敦煌，九月十七日至三十日在鸣沙山下重写一过。一九五〇年春以此稿付《国学季刊》，仍旧稿不加更改，存其真也。向达谨记。

（见《国学季刊》第七卷第一期页一——二四，
一九五〇年七月出版。）

唐代刊书考

一 引言

唐人刊书，散见载籍；裒为一帙，以资观览者，尚未之见。兹篇之作，于诸家纪载唐代刊书之文，就耳目所及者为之排比，加以考辨，藉著其概。复次，清季西洋考古学家探险西陲，神州古物席卷而西，其中不乏唐代刊本，用述梗概，以谂国人。而近代诸家著述述及其他现存唐本者，并为汇录，验其然否。至于隋以前及隋代之无刊本，与夫印度像印开印书之先路，俱依次述之于首，以识唐代刊书之渊源云。

二 论隋以前及隋代即有刊本之不可信

宋人笔记俱谓刊书始于李唐。明陆深著《河汾燕闲录》，方创昉自隋代之论。清代承其说者颇不乏人。如阮吾山《茶余客话》，高士奇《天禄识余》。清末日本人岛田翰著《古文旧书考》，论述中国雕版渊源犹袭陆说，更昌言南北朝即有墨版。而一八九四年法国人拉克伯里（Terrien de Lacouperie）著《中国古代文明西源论》（*West Origin of the Early Chinese Civilization*），竟谓东晋成帝咸和时蜀中成都即有雕版印书之举。拉氏所据为《蜀志》及《后周书》，说者常訾其以模拓碑版误为印书，曾为覆检二书，未得其据，因不具论。又按日本人中村久四郎于《东洋史讲座》第十二号其所著《宋代学术宗教制度》文中谓敦煌发见之古物中有隋代木活字版发愿文云云，然同书十三号中村不折即函辨其为赝鼎，伯、斯诸人亦未之言，则不足信矣。今录陆氏与岛田氏二家之说于后，继辨其诬。

（1）陆深《河汾燕闲录》（明嘉靖陆氏家刊《陆文裕公俨山外集》本）卷上：

隋文帝开皇十三年十二月八日敕：废像遗经，悉令雕撰。此印书之始，又在冯瀛王先矣。

（2）岛田翰《古文旧书考》卷二《雕版渊源考》：

明陆深《河汾燕闲录》云："隋开皇十三年十二月八日敕：废像遗经，悉令雕版。"是语见于隋费长房《历代三宝记》，曰："废像遗经，悉令雕撰。"中村器堂氏依此文乃云雕属废像，撰属遗经，即非刻书之谓。余则以为陆氏在明犹逮见旧本，而纪云雕版，恐《宋藏》中必有作雕版者矣。又案此语不载于《隋书》及诸杂史，信斯语也，则隋时已有雕板也。

又予以为墨版盖昉于六朝。何以知之？《颜氏家训》曰："江南书本穴皆误作六。"夫书本之为言，乃对墨版而言之也。颜之推北齐人，则北齐时既知雕版矣。《玉烛宝典》引《字训》解瀹字曰："其字或草上或水旁或火旁,皆依书本。"已曰皆依书本,亦可以证其对墨版也。是隋以前有墨版之证。

按陆氏所引隋文帝敕见隋费长房《历代三宝记》,盖"周武之时,悉灭佛法,凡诸形像,悉遣除之,号令一行,多皆毁坏",以至"塔宇既废,经像沦亡,无隔华夷,扫地悉尽",故发此敕以"重显尊容,再崇神化,颓基毁迹,更事庄严,废像遗经,悉令雕撰"。陆氏乃据此文以为印书之始。袁恬《书隐丛说》即谓"雕者属像,撰者乃经也,非雕刻之始也"。岛田氏不察,仍袭陆氏之误,故俞樾驳之曰:"至引隋开皇敕谓隋时已有雕版,雕版二字自是撰定之误。雕像撰经乃是二事,若云废像遗经悉令雕版,废像岂可雕版乎!"[1]可谓甚当。《历代三宝记》卷十二有《象经法式》十卷,开皇十五年敕有司撰,袁氏所谓"撰者乃经也"者,此其证也。

又案陆氏文中"废像遗经,悉令雕撰"二语,后来引者各异其辞。孙毓修《中国雕版源流考》作"悉令雕造",岛田氏又据别本迻作"雕版",并曲为之解曰:"余则以为陆氏在明犹逮见旧本,而纪云雕版,恐《宋藏》中必有作雕版者矣。"陆氏确曾见旧本,其所著《玉堂漫笔》卷下云:"世言《大藏经》五千四十八卷,此自唐开元间总结经律论之目,至贞元间又增新经二百余卷,宋至道以后惟净所译新经又九千五百余卷。

---

[1] 俞说见岛田氏著《访余录》之《春在堂笔谈》。其后叶德辉著《书林清话》论《书有刻版之始》,即用俞说也。

予见南宋《藏经》与《元藏》不同，而本朝《藏经》又添入元僧以后诸人文字，而卷数仍旧，岂亦有添减欤！"云云是也。然其家刊本《河汾燕闲录》作"悉令雕撰"，并不作"雕版"，日本缩刷《藏经》以丽元诸本校勘，于此亦作雕撰，无作雕版者，则岛田之说不足辨矣。

岛田又据《颜氏家训》江南书本之语，以为系对墨版而言，遂谓墨版昉于六朝。俞樾驳之曰："又引《颜氏家训》谓北齐已有雕版，更恐不然，如颜氏果以书本对刻本而言，则当时刻本当已遍天下矣，何至唐时犹不多见也？书本乃写本耳。古书本无不同，而传写各异，故曰江南书本，对河北书本而言，非对刻本言。《书证》篇或云江南本、河北本，或云江南书、不言本。河北本，不言书。随便言之，皆以江南与河北对。"① 叶德辉亦非其说，以为"若以诸书称本定为墨版之证，则《刘向别传》校雠者一人持本，后汉章帝赐黄香《淮南子》《孟子》各一本，亦得谓墨版始于两汉乎？岛田氏谓在北齐以前，所有援据，止诸书称本之词，陆氏误字之语，则吾未敢附和也。"② 二氏驳论，确当不移。故在未有新史料发见以前，仅据陆氏与岛田氏之言，以为中国之有雕版始于六朝及隋，盖不足信已。

三　唐代刊书之先导

中国在隋及隋以前之无雕版书，约如上述，而考诸现存实物及文献，唐代刻书之确然有据，则无可疑。现今世界上最古

---

① 见《访余录·春在堂笔谈》。
② 《书林清话》卷一《书有刻版之始》。

之印刷品，当推宝龟本《陀罗尼经》①。然唐代日本文化大都传自中土。如日本夹缬，其名见于宋王说《唐语林》，创于唐玄宗之时②，即其一例，则刊印《陀罗尼经》恐亦有所受也。顾文献无征，今不具论。兹篇所欲究者，为唐代刊书梗概，然于刊书之先导，亦不能不一述也。

中国印刷术之起源，与佛教有密切之关系。语其变化之概，当为由印像以进于禁咒，由禁咒进步始成为经文之刊印，而其来源则与印度不无关系也。今撼录诸家言像印及印佛像之文如次：

（甲）《法苑珠林》卷三十九：

> 《西域志》云：王玄策至大唐显庆五年九月二十七日，菩提寺主名戒龙，为汉使王玄策等设大会。使人以下各赠华甄十段并食器，次伸呈使献物龙珠等具录大珍珠八箱，象牙佛塔一，舍利宝塔一，佛印四。至于十月一日，寺主及诸众僧饯送使人。

（乙）唐义净《南海寄归内法传》卷四，三十一《灌沐尊仪》：

---

① 日本光仁天皇宝龟元年即唐代宗大历五年，公元七七〇年也。关于宝龟本《陀罗尼经》，可参看朝仓龟三著《日本古刻书史》五至十三叶，又卡德（T. F. Cartes）著《中国印刷术之发明及其西传考》（*The Invention of Printing in China and its Spread Westward*）第七章，此章译文见《图书馆学季刊》二卷一期。

② 殿本《唐语林》夹缬作夹结，今依程大昌《演繁露》卷十一引《唐语林》文。

造泥制底及拓模泥像，或印绢纸，随处供养，或积或聚，以砖裹之，即成佛塔；或置空野，任其消灭。西方法俗莫不以此为业。

（丙）唐冯贽《云仙散录》印普贤像条引《僧园逸录》：

玄奘以回锋纸印普贤象，施于四众，每岁五驮无余。

案玄奘《大唐西域记》卷九有云："印度之法，香末为泥，作小窣堵波，高五六寸，书写经文，以置其中，谓之法舍利也。数渐盈积，建大窣波，总聚于内，帘修供养。"日本宝龟本之《陀罗尼经》分置于百万小塔中，即所谓法舍利也。王玄策所获之佛印，即《寄归内法传》所云之泥制底（Koitya）及拓模泥像一类之物也。始言印刷之文献，当以义净之言为最先矣[①]。

此种佛印流传甚广。日本大和法隆寺所藏不动明王像一纸印像三千，药师如来像一纸印像十二，阿弥陀如来像以纵一尺一寸五分之纸而印像百八尊。此外尚有吉祥天女像，毗沙门天像，皆一纸而印像数十，当即佛印之类也。一九〇八年法人伯希和探检敦煌石室，发见用佛印印成之千体佛，俱为唐代之遗[②]。考诸往昔道家修炼，登山涉水，往往佩带枣木大印，印上刻字数达一百二十[③]。然初无传播之想，不过用以避邪而已，

[①] 义净《寄归传》于武后天授三年五月寄回。天授三年，即公元六九二年。宝龟本《陀罗尼经》在其后七十八年。
[②] 关于日本之摺物及敦煌之千体佛，可参看日人秃氏祐祥著《古代版画集》及罗振玉著《莫高窟石室秘录》，罗文见《东方文库·考古学零简》。
[③] 见《抱朴子·登涉篇》。

不得谓之印刷也。至唐代印度佛印传入中国，摺佛之风一时大盛，一纸中动辄印百千佛像，一印或数百千张，而后印刷方告萌芽，遂有后日之盛。

《云仙散录》记玄奘以回锋纸印普贤像，五驮俱尽，乃摺佛之流也。唯《云仙散录》一书，宋洪迈[①]、张邦基[②]、赵与时[③]、陈振孙[④]诸人即疑其伪，清《四库提要》论《云仙杂记》称："其自序称天复元年所作，而序中乃云天祐元年退归故里，书成于四年之秋，又数岁始得终篇。年号先后亦复颠倒，其为后人依托，未及详考，明矣。"《云仙杂记》一书即捃扯《散录》而成。然八千卷楼旧藏宋开禧刻本《云仙散录》，冯贽序作天成元年非天复。旧本本不误，《四库提要》据此认为依托，未见其然。要之，佛印之作，印度传播已久，玄奘当及见之，则《云仙散录》所记不无可信也。

自有道家四百字之枣木大印及印度之佛印，而后借刊本刷印以为传播文字之利始渐为人知。中国刊书史之由此蜕变，以至于正式刊刻书籍，其过渡时期史实，尚未发现何种文献，唯有日本宝龟本《陀罗尼经》可为旁证。然其间尚有一事，似亦足以使此期史实呈一线曙光者，则历日板是也。《旧唐书·文宗纪》，太和九年十二月

  丁丑，敕：诸道府《近事会元》卷五历日板条引此

---

① 说见《容斋随笔》卷一浅妄书条。
② 说见《墨庄漫录》卷二。
③ 说见《宾退录》卷一。
④ 说见《书录解题》。

作诸道府州。不得私置历日板。

《全唐文》卷六百二十四冯宿《禁版印时宪书奏》云：

> 准敕：禁断印历日版。剑南两川及淮南道皆以版印历日鬻于市，每岁司天台未奏颁下新历，其印历亦已满天下，有乖敬授之道。

太和九年敕，盖因冯宿之奏而发也。

按编年史有日历一则，创始于德宗之时，此云历日，当非其伦。《唐语林》曾记僖宗入蜀，太史历本不及江东，而市有印货者，每参互朔晦，货者各征节候，因而争执，可见当时各地有私印历书之事。所云历日板者，疑即为印刷历书之雕版①。恐各道府各置历日板，印行历书，不统于一，以致朔晦参互，节候先后，有悖于王者正朔之义，故敕诸道府不得私置。夫历为人生日常所需，其应传播，与广刊经咒以求福田利益者，需要之切，正无以殊，则先登梨枣，理所当然。历日版云云疑即指此耳。

四　中国刊书史上之咸通时代

唐代道及刻书之文，说者俱以元微之《白氏长庆集序》为最先②。元《序》略云："然而二十年间，禁省观寺邮候墙壁

---

① 按日本僧宗叡《新书写请来法门等目录》有《七曜历日》一卷；又陆游《老学庵笔记》卷五谓尹少稷强记，尝于吕居仁舍人座上记历日，酒一行记两月不差一字，皆足证历日之即为历书也。
② 《书林清话》卷一《书有刻版之始》。

之上无不书，王公妾妇牛童马走之口无不道，至于缮写模勒衒卖于市井，或持之以交酒茗者，处处皆是。""杨越间多作书模勒乐天及予杂诗卖于市肆之中也。"以为模勒云云，即指雕刻而言。元《序》作于长庆四年十二月（公元八二五年），正与日本宝龟本《陀罗尼经》同时。元、白之诗刊为书册，卖之市肆，遍于杨越，则刊书传播已广，刊刻范围亦已由宗教方面转入世俗文学。然此《序》所恃以为刻书之证者，仅模勒二字及模勒与缮写二字对举而已。顾模可释为摹写，勒亦可诠为钩勒，从原迹摹写钩勒若今之影写本然，似亦可通。至于二语对举，遂指缮写为传钞，模勒为刊刻，则其曲解，与见书本而即谓与墨板对举者无以异也。元氏所云，揆之刊书蜕演之迹，及日本《陀罗尼经》，理实可能。然文字诠释，似有未晰。故在未得第二种文献及年代清晰之实物证据以前，不得据此即谓唐代在大历时即已有雕版印书也。

中国刊书是否创始于唐，李唐一代在刊书史上之变迁若何，俱以文献不足，难征其全，唯就所得诸家之言，考其时代，则大都在唐懿宗咸通或其后不远之际。是刊书之事，当自此始渐为士大夫所注意，因而形诸纪述。今总称之曰咸通时代。其在咸通前后者亦附见于中。关于诸家纪述唐代刊书文献，今就所得见者，略依时序，比录如下：

（甲）日本僧宗叡《新书写请来法门等目录》（《大藏·余》二）：

《都利聿斯经》一部五卷《七曜禳灾法》一卷《七曜廿八宿历》一卷《七曜历日》一卷《六壬名例立成歌》

一部二卷《明镜连珠》一部十卷《秘录药方》一部六卷两策子《削繁加要书仪》一卷元和年中者西川印子《唐韵》一部五卷同印子《玉篇》一部三十卷　右录书等，惟非法门，世者所要也。大唐咸通六年从六月迄于十月，于长安城右街西明寺日本留学僧圆载法师院求写杂法门等目录具如右也。日本贞观七年十一月十二日却来于左京东寺重勘定入唐请益僧大法师位。

（乙）范摅《云溪友议》卷下《羡门远》：

纥干尚书泉苦求龙虎之丹十五余稔。及镇江右，乃大延方术之士。乃作《刘弘传》，雕印数千本，以寄中朝及四海精心洗炼之者。……

（丙）司空图《一鸣集》卷九《为东都敬爱寺讲律僧惠确八千卷楼藏旧钞本作确。化莫丁本作募。雕刻律疏》：印本共八百纸。

……今者以日光旧疏，龙象弘持，京寺盛筵，天人信受，□迷后学，竞扇异端。自洛城罔遇，时交乃焚，印本渐虞散失，欲更雕镂；惠确丁本作确。无愧专精，颇尝讲授。远钦信士，誓结良缘。所希龟鉴益昭，此依丁本。津梁靡绝，再定不刊之典，永资善诱之方。必期字字镌铭，种慧依丁本。牙而不竭；生生亲眷，遇胜会而同闻。敢期福报之微，愿允标题之请。谨疏。据《四部丛刊》本以八千卷楼藏本校。

（丁）王说《唐语林》卷七：

僖宗入蜀，太史历本不及江东。而市有印货者，每参互朔晦，货者各征节候，因争执，里人拘而送公。执政曰："尔非争月之大尽乎？同行经纪，一日半日殊是小事！"遂叱去。而不知阴阳之历，吉凶是择，所误于众多矣。

（戊）柳玭《家训序》：无名氏《爱日斋丛钞》卷一引。

中和三年癸卯夏，銮舆在蜀之三年也。余为中书舍人，旬休阅书于重城之东南。其书多阴阳杂说、占梦相宅、九宫五纬之流，又有字书小学，率雕版印纸，漫染不可尽晓。

（己）叶梦得《石林燕语》卷八：

世言雕版印书始冯道，此不然，但监本《五经》板，道为之尔。柳玭《训序》言其在蜀尝阅书肆，云字书小学率雕版印纸。则唐固有之矣。但恐不如今之工。今天下印书，以杭州为上，蜀本次之，福建最下。京师比岁印版，殆不减杭州，但纸不佳。蜀与福建多以柔木刻之，取其易成而速售，故不能工。福建本几遍天下，正以其易成故也。

（庚）无名氏《爱日斋丛钞》卷一：

按柳玭《家训序》（参看戊）、叶氏《燕语》，正以此证刻书不始于冯道。而沈存中又谓板印书籍，唐人尚未盛为之，自冯瀛王始印《五经》，自后典籍皆为板本。大概唐末渐有印书，特未能盛行，遂始于蜀也。

（辛）《国史志》：

唐末益州始有墨版，多术数小学字书。

（壬）朱益《猗觉寮杂记》卷下：

雕印文字，唐以前无之，唐末益州始有墨版，后唐方镂《九经》。悉收人间所有经史，以镂板为正，见两朝国史。

宗叡为唐代日本僧入唐八家之一，于清和天皇贞观四年（唐懿宗咸通三年，公元八六二年）与贤真、忠全、安展、禅念、惠池、善寂、原懿、僧继诸人随真如法亲王入唐，于贞观七年（咸通六年，公元八六五年）十一月归国。归国时携回之经卷凡一百三十四部一百四十三卷，西川印子本《唐韵》《玉篇》，则经卷以外附回者也。印子本即刊本。二书唐本现俱不存。然三十卷之《玉篇》、五篇之《唐韵》，俱属钜帙，在咸通时既已雕版流传，播诸海外，则当时蜀中刊书之盛可想已。最先发见此段文献者为日本秃氏祐祥，氏著《古代版画集》后附《版画考》一文，论及此事。

时代稍次于宗叡《目录》者，是为范摅《云溪友议》所纪纥干泉印《刘弘传》数千本之文。摅为僖宗时人。纥干泉附见《唐书·裴休传》，称其与休茹素赞呗，同信桑门。此纪其苦求龙虎之丹，并大延方术之士云云，似与《传》牾。然唐武宗时道教大盛，废天下僧寺，一时士大夫趋赴风尚，俱舍而学道。会昌六年四月道士赵归真伏诛，道教遂衰。宣宗大中元年修复废寺，则纥干泉初或崇信道家，会昌而后，道家寝衰，用转入释氏，与裴休等皈依三宝，以挽晚节。《传》仅记其崇信释氏，系就晚年而言，范氏所言，则其往事耳。其镇江右，当在赵归真尚未伏诛以前，中朝大夫不少言修炼之术者，用敢雕印《刘弘传》数千本以寄之也。故纥干泉之雕印《刘弘传》，当在会昌之时，范摅于咸通时纪之，于此不仅可见会昌时江右已有雕版印书，而咸通时雕版书之已为社会所见，亦于可知矣。

就宗叡《目录》及《云溪友议》二书观之，咸通时雕印世俗书及道家书之情形，约可窥见一斑。清光绪季叶英人斯坦因发见敦煌莫高窟石室藏书，劫取菁华，以藏于不列颠博物院。其中有雕印本《金刚经》一本，经末题云："咸通九年四月十五日王瑜为二亲敬造普施。"现存之中国雕版书，当以此物为最古矣。关于咸通《金刚经》，别述于第五节，兹不赘。今进而论司空图所纪《雕刻律疏》一文之时代。

图此文大约作于居洛之时。图生平入洛，前后二次。第一次在咸通末及乾符六年之间。时召拜殿中侍御史，以赴阙迟，因责授光禄寺主簿，分司东都。广明元年，始还河北。自是不复至洛。第二次在昭宗时。昭宗迁洛鼎欲归，柳璨希朱全忠旨，陷害旧族，诏图入朝。图惧见诛，力疾至洛阳，时天祐二年八月也。图此文当作于第一次入洛之时。若第二次，则史称其谒见之日，堕笏失仪，旨趣极野，当无逸致作此闲文。即令作于此时，文中"洛城罔遇"之辞，必不敢形诸笔墨以贾祸也。故此文必作于咸通末第一次入洛，时距宣宗大中复修佛寺不远，故"洛城罔遇，时交乃焚"云云，当指会昌废佛之祸而言。盖会昌废寺，东都敬爱寺亦曾受波及也。唐皇甫枚《三水小牍》谓：

"唐武宗嗣历改元会昌，爱驭凤骖鹤之仪，薄点墨降龙之教，乃下郡国毁庙塔，令沙门复初。于是东都敬爱寺北禅院大德从谏引公，乃乌帽麻衣，潜于皇甫枚之温泉别业后冈上。"是敬爱寺在会昌时固曾罹废寺之祸也。迄大中时佛教复兴，敬爱寺用亦亟图恢复，重雕律疏，故图文所云"自洛城罔遇，时交乃焚"以下四语，其为特指会昌毁佛之事而言，盖确然有据。某君于此数语断句作为"自洛城罔遇时交，乃焚印本，渐虞散失，欲更雕馁"。夫印本既焚，已归散失，尚何渐虞之有乎！而会昌、咸通时之即有印本，亦于斯可见。前之纥干泉之雕印《刘弘传》在会昌时，亦可以此为一旁证。又按敬爱寺在东都建春门内，距南市不远。南市有卖书肆。斯时敬爱寺雕印律疏至八百纸，印书之举已属常事，南市卖书肆中，缥缃插架，想当有刊本书籍陈于其中者矣。

懿宗之后是为僖宗。是时王仙芝、黄巢等揭竿起义，横行天下。广明元年十二月黄巢入长安，中和元年正月僖宗遂幸成都，文德二年二月始克复归长安。《唐语林》及柳玭所纪，皆此时事也。宗叡《目录》所纪有西川印子本《玉篇》《唐韵》之印本，成都书肆固有出售者矣。柳玭谓阅书于重城之东南，所谓重城当属乾符六年高骈所筑之罗城，今称蓉城。至今成都书肆尚多在蓉城东南学道街一带，唐代书肆亦当在此也①。叶梦得以下四家之言，今不具论。

---

① 柳玭事实略见新、旧《唐书》。又《通鉴·昭宗纪》称其于景福二年以渝州刺史迁泸州刺史，柳氏自公绰以来，世以孝悌礼法为士大夫所宗；玭为御史大夫，上欲以为相，宦官恶之，故久谪于外云云。

就以上诸家所纪者考之，会昌以降，雕版印书之风已盛，至咸通而纪者特多。宗叡、司空图、范摅诸文。所印书今犹可考者，在世俗方面有阴阳杂说、占梦相宅、九宫五纬、字书小学、《玉篇》、《唐韵》之属，道家方面有《刘弘传》，释氏方面有鸠摩罗什译《金刚经》详第五节述现存之咸通本《金刚经》。及律疏。当时印书之地可考者，有江右、《云溪友议》。江东、《唐语林》。蜀、宗叡《目录》及柳玭《家训序》。东都、司空图《一鸣集》。及敦煌咸通本《金刚经》。诸处，传播之远及于日本、宗叡《目录》。长安。宗叡携回之印子本既获于长安，又纥干泉雕印《刘弘传》数千本以寄中朝及四海精心洗炼之者，中朝当即长安，而四海云云又可见其传播之广矣。故在咸通之时，雕印书籍，即已遍布于长江、黄河两流域间，则其盛可知矣。

五　述现存之咸通本《金刚经》

当十九世纪末叶，西洋考古之学大盛，于是中亚细亚、新疆、蒙古、甘肃一带，遂时有外国考古学家发掘探考于其间。至一九〇七年，供职于英国印度政府之匈牙利人斯坦因乃发见敦煌千佛洞莫高窟之秘藏。佛画、写本、印本、卷子，为所席卷而西，以藏诸伦敦之不列颠博物院者约八千五百余卷。其明年法国人伯希和至此，复取去二千五百余卷，藏于巴黎之国家图书馆。余八千余卷，则于清宣统时归诸北京之京师图书馆。三处所藏，以写本为多，印本甚少。印本之有时代可寻者，在伦敦约有五卷，巴黎约有四卷。咸通本《金刚经》即伦敦藏本，为斯坦因所劫去，而现存中国印本书之最古者也。咸通本《金刚经》印于咸通九年四月十五日，斯坦因之《中国西陲考古记》（*Ruins of Desert Cathay*）及卡德之《中国印刷术之发明及其西传考》曾述其大概。二氏书及日本秃氏祐祥《古代版画集》、新村出《典籍丛谈》俱附有影片。今摘译斯坦因及卡德二氏之说如次，随述是书内容于后。

（甲）斯坦因《中国西陲考古记》卷一第一八九页：

石室又有一保存甚善之卷子，首为雕印甚佳之扉绘一篇。卷子正文全部俱属雕版印成，末有雕刻年月，约当西元后之八六〇年（参看第一九一图第六幅），余睹此为之大喜不置。世俗俱谓雕版印书始于宋代，据此可知宋以前久已有之，而在第九世纪时其艺术即已颇有可观矣。其他汉文卷子中尚杂有画卷及雕版之属，雕绘之精，虽在无专门学识者观之，亦一见而知其艺术之佳也。

（乙）卡德《中国印刷术之发明及其西传考》第四一页：

莫高窟石室闭藏潜而不彰者几九百年，至是所藏卷子始复显于世，而世界上最古之印本书亦即藏于其中。是书保存甚善，大致完好无缺，雕刻技术亦颇进步。由此可见其蜕演至今，必已甚久。欧洲谷腾堡（Gutenberg）以前所有之雕印品，俱不及此书之精。全书正文六叶，首副以雕版画一短幅，黏成一长幅，长十六吹。综观此书，不唯雕版技术可称上乘，即就各叶之大小而言，亦非日本宝龟本《陀罗尼经》之简陋粗疏所可比也。每叶约长两吹半，高仅一吹，雕版大小当亦如是。书末刊有年月一行，辞曰：

"咸通九年四月十五日王珍为二亲敬造普施。"

案咸通九年四月十五日为公元八六八年五月十一日，斯坦因《中国西陲考古记》卷一第一八九页作西元后八六〇年，第一九一图第六幅作西元后八六四年，俱误。是书第一页为雕版扉绘，作佛在给孤独园长老须菩提（Subhūti）起问之状。释迦牟尼佛坐于正中莲花座上，座前一几上设供养法器，长老须菩提则偏袒右肩，右膝著地，合掌白佛，佛顶左右飞天旋绕，佛座两则有二金刚守护，佛座后二菩萨九比丘帝王宰官围绕随侍，佛座前二师子分踞左右，所以表示佛为人中师子也。

扉绘之后是为《金刚经》本文。经首冠以净口业真言。继此为鸠摩罗什译《金刚般若波罗密经》（*Vajracchedikā-prājñāpāramitā-sūtra*），经文每行大率为十九字，殿以真言。

扉绘刻画甚精，人像衣褶简劲，面容亦能表示各人不同之情感。须菩提古老苍劲，虬筋外露，意态生动。全部线条于柔和中复寓劲挺之意，以之与高丽显宗朝之《御制秘藏诠》高丽本经即翻雕北宋本者。及南宋本《佛国禅师文殊指南图赞》相较[1]，后二者虽工整精细有胜于前，然不及咸通本之纯朴古简。经文字体亦然。宋版本之佳者，字体每带欧、虞神味，如拜经楼藏残本《汉书》及八千卷楼藏宋庆元本《五百家注昌黎文集》是也。元人所刻与宋版书较，已带匠气，明清则自郐以下矣。顾以咸通本《金刚经》与宋版书较，又显然有别，一则古拙错综，一则整齐呆板。是故古版书就艺术方面言之，即在其能保持率

---

[1] 《秘藏诠》及《指南图赞》影本俱见《古代版画集》。

真之气，而不流庸俗耳。

图中释迦像上唇有微髭，此种传说，为时甚古，从此亦可见是书渊源之远也。经文之首附净口真言，文曰："凡欲读经，先念净口真言一遍：修唎修唎摩诃修唎修修唎娑婆诃，奉请除灾金刚，奉请辟毒金刚，奉请黄随求金刚，奉请白净水金刚，奉请赤声金刚，奉请定除厄金刚，奉请紫贤金刚，奉请大神金刚。"末附真言，文曰："郍谟薄伽跋帝钵罗若钵罗密多曳唵伊哩帝伊失哩戍卢驮毗舍耶娑婆诃。"《大正新修大藏经》本《金刚经》真言薄伽作婆伽，钵罗若作钵利坏，密多曳作弭多曳，伊哩帝作伊利底，伊失哩作伊室利，戍嘘驮作输卢驮，娑婆诃作莎婆诃，译音微殊，句读亦异，其中足以校正今本鸠摩罗什译《金刚经》者尚不鲜也。

咸通本《金刚经》大概约如上述。然其书是否为敦煌所刊，抑自他处传来是亦待解决之一问题也。与刊本《金刚经》同时发见者，尚有其他雕版印之单片发愿文甚多，此种单片大都分为上下两截，上截为所欲供养之佛像，下截则为愿文，所雕佛像及文字较《金刚经》及其他有年月之卷子本为简率，卡德据此遂谓此种单片之发愿文既甚简率，则雕印之卷子本或系来自四川，而发愿文则刊于敦煌也。由此推论，又可见在《金刚经》刊印以前，中国本部雕印书籍之业已盛，敦煌不过汲其余波，方在创始耳。然而其间过渡之迹，则于兹显然可睹矣[①]。

今按卡氏所论不尽无据。巴黎藏有广政十年写本《维摩诘经讲经文》第二十卷，书于西川之静真禅院，流传至敦煌之应

[①] 见卡德《中国印刷术之发明及其西传考》第四四页。

明寺，是为敦煌与蜀中文化交流之证。又敦煌石室藏书两万余卷，大率为写本，印本寥寥可数，其地雕版印书之业尚未甚盛，而敦煌刊书之风受外来之影响甚大，亦大略可知矣。

六　论现存其他各唐本书

近代著述中颇有述及现存唐代刊本者，今略举其言如次。
（甲）岛田翰《古文旧书考》卷二《雕版渊源考》：

> 案今世所传经籍墨版，盖莫古于李鹗本《尔雅》及阙民字本《左氏传》，大坂有西村某者达按新村出《典籍丛谈》之《唐宋版本杂话》及此谓系西村兼文。尝赝作三种书：延喜十三年本《文选》，唐天祐二年本《归去来辞》卷尾署大唐天祐二年九月八日余杭龙兴寺沙门光远刊行，今在神田乃武氏家。是也。而其一则余忘之矣。明治二十一年清傅云龙得《文选》于陈树山所，惊喜，刻入于其《篡喜庐丛书》中，钦差大臣黎莼斋制跋，兵部郎中傅云龙作序，啧啧言其可信。且以此为唐世椠本流行之证。而曾不知其出于西村某之手。纸用写经故张，字样集写经旧字活字摆印者也。盖虽有巧妙足以欺人者，而其纸墨之间，犹不难判知其为伪也。况如《归去来辞》门虽设而常关，脱门字，尚可谓之正善可据乎。

（乙）罗振玉《莫高窟石室秘录》：

> 予于日本三井听冰氏（高坚）许，见所藏永徽六年《阿毗达摩大毗婆娑论》卷一百四十四，其纸背有刻木楷书朱

记，文曰"大唐苏内侍写真定本"九字，与宋《藏经》纸后之"金粟山藏经记"朱记同，此为初唐刻本之确据。

（丙）孙毓修《中国雕版源流考·雕版之始》：

> 按唐时雕本，宋人已无著录者。盖经五季兵戈之后，片纸只字，尽化云烟，久等于三代之漆简，六朝之缣素，可闻而不可见矣。近有江陵杨氏藏《开元杂报》七叶《孙可之集》有《读开元杂报》文当即此也。云是唐人雕本，叶十三行，每行十五字；字大如钱，有边线界栏，而无中缝，犹唐人写本款式。作蝴蝶装。墨印漫漶，不甚可辨。此与日本所藏永徽六年《阿毗达磨大毗婆娑论》刻本，均为唐本之仅存者。世传卷子本陶渊明《归去来辞》后署大唐天祐二年秋九月八日余杭龙兴寺沙门光远刊行云云，盖不足信。

案以上所举今人之视为唐刊本者，有《开元杂报》及《阿毗达摩论》第一百四十四卷二种。顾《开元杂报》虽有边线界栏，而墨印漫漶，不甚可辨，乌能必其即为刊印？即为唐本？知读孙氏文，毫不见有刊刻之意耶？至于《阿毗达摩论》之唐本，在日本学者且自疑其不典，以为或系西村兼文之流者所为[①]。当亦赝鼎耳。

敦煌石室印本有《加句灵验》本《一切如来尊胜陀罗尼》，罗振玉曾为之影印于《宸翰楼丛书》中；斯坦因《中国西陲考古记》影有《供养阿密陀佛发愿文》单片一纸；卡德《中国印

[①] 参看新村出《典籍丛谈》之《唐宋版本杂话》一文。

刷术之发见及其西传考》影有《供养文殊师利菩萨发愿文》单片一纸，此三种者细察其字画，雕刻俱颇纯朴，与咸通本《金刚经》较，更为率真。罗氏谓《一切如来尊胜陀罗尼》为唐本，其根据为"国师三藏大广智不空译"之"国"字尚空一格，余二种发愿文，卡氏亦断为唐本，言俱可信。言现存之唐本，于咸通本《金刚经》外若此三者，其庶几乎！

（见《中央大学国学图书馆第一年刊》页一——一九，一九二八年十一月出版。）

记伦敦所藏的敦煌俗文学

近来因为某种机会，看到不列颠博物院所藏敦煌卷子中关于俗文学的一部分。我所看到的当然为数不多，也无从"尽窥所藏"。但是伦敦的敦煌卷子，一向不大公开，以前人看到的，都不过是一鳞片爪。我既然不能逃于鳞爪之外，而敢大胆地记这么一下者，无非希望我所看到的，或许可以补他人万一的疏漏。至于记述之余，偶然加以解说，那只是撷拾时贤唾余而已。

我看到的关于敦煌俗文学的卷子，大约有四十卷左右。今将号码和名称作成一简目，附列于后。凡是名称上下加括弧的，都是原本本无名称，由作者为叙述方便起见加上的。

S.4398 纸背 　《降魔变》一卷（存四一行）

S.4654 　《舜子变》一卷（存二三行）

S.5437 　《汉将王陵变》（一本十叶共存一二六行）

S.4571 　（《维摩诘经》唱文）（存九段共八五二行）

S.1156 纸背 　《大汉三年季布骂阵词文》一卷（存六四行

天福四年法弥裹度写本）

S.2056 纸背　　《大汉三年楚将季布骂阵汉王羞耻群臣妣骂收军词文》（存八二行）

S.5439　　　　《季布歌》（一本二一叶共存二二九行）

S.5440　　　　《季布骂阵词文》（一本十叶共存一二〇行）

S.5441　　　　《捉季布传文》一卷《大汉三年楚将季布骂阵汉王羞耻群臣妣骂收军词文》（一本十二叶共存二一二行太平兴国三年阴奴儿写本）

S.133 纸背　　（《秋胡小说》）（存一一七行）

S.328　　　　（《伍子胥小说》）（存三七三行）

S.778　　　　《王梵志诗集》（存六七行）

S.2710　　　　《王梵志诗》一卷（存六三行清泰四年汜富川写本）

S.3393　　　　《王梵志诗》一卷（存九八行）

S.5441　　　　《王梵志诗集》卷中（三叶共存五五行即附写于《季布骂阵词文》之后）

S.2947　　　　《百岁篇》（存四三行）

S.5549　　　　《百岁篇》一卷（存七一行）

S.1588　　　　《叹百岁诗》（存二二行）

S.3877 纸背　　《下女夫词》一本（存二七行）

S.5515　　　　《下女夫词》（存四四行）

S.5949　　　　《下女夫词》一本（存八四行）

S.4129　　　　《断齣书》（存八行）

　　　　　　　（《十二时曲》）（存三〇行）

　　　　　　　《崔氏夫人训女文》（存一三行）

S.4329　　　？（存四七行计存《□□章》第八，《贞女章》第九，《□□章》第十，《五字教章》第十一，《善恶章》第十二）

S.3835　　　《百鸟名》（存二九行，另书手题记一行庚寅年索不子写本）

S.1339 纸背　《少年问老》（存八行）

S.2204　　　（《孝子董永》）（存四六行）

　　　　　　《太子赞》（存五九行）

　　　　　　《父母恩重赞》（存二二行）

　　　　　　《十劝钵禅关》（存六行）

S.2679　　　（《禅门五更曲》）（存一八行）

　　　　　　（《禅门十二时曲》）（存二〇行）

S.2922　　　《韩朋赋》一首（存八九行癸巳年张爱道写本）

S.3227　　　《韩朋赋》一首（存三六行）

S.3904　　　《韩朋赋》（存二五行）

S.4901　　　《韩朋赋》（存二七行）

S.214　　　 《燕子赋》一卷（存七五行癸未年杜友遂写本）

S.6267　　　《燕子赋》（存五〇行）

S.1163　　　《太公家教》一卷（存六五行庚戌年张顺进写本）

S.1291　　　《太公家教》（存五三行）

S.3835　　　《太公家教》一卷（存九三行）

S.6173　　　《太公家教》（存四六行）

S.4307　　　《新集严父教》一本（存一九行雍熙三年李府奴写本）

＊　　＊　　＊

以上简目，略就性质归类，不依号码次序。我之所以将变文放在开始，因为敦煌所发见的俗文学材料，其名称曾见于唐人记载者，不能不推变文。孟棨《本事诗》中曾说到《目连变》，唐朝一位不大知名的诗人吉师老有《听蜀女转昭君变》的诗。就变文的本身而言，如《降魔变》的序文中也有"伏惟我大唐汉朝圣主开元天宝圣文神武应道皇帝陛下"云云的字样。所以变文起源甚早，那是无可怀疑的。

伦敦所藏《降魔变》，只残存篇首四十一行，还不及我国郑西谛先生所藏的好。不过伦敦本篇首完整，似乎正可以补胡、郑两本之缺。《舜子变》这一卷原本黏合杂文十篇而成，《舜子变》只占一段存二十三行，鱼鲁亥豕，不一而足。但是《敦煌缀琐》所收巴黎本前缺，而伦敦本却存前段，不无可以校补之处。

关于变文，如：《目连变》文、《八相变》文、《降魔变》、《舜子变》、《昭君变》之类，早为世人所知；可是伦敦藏的《汉将王陵变》，我还是第一次看到。这是记汉将王陵夜斫楚营的故事，存一二六行，后面残缺。《王陵变》的首段提到"变初"的一个名辞，这于研究变文的体裁，不无关系，因不嫌累赘，抄录如后，以示同好；原本文字有不可解者，照本直录。

汉将王陵变

忆昔刘、项，起义争雄。三尺白刃，博乱中原。东思禹帝，西定强楚。鞍不离马背，甲不离将身。大陈七十二陈，小陈三十三陈，陈皆输他西楚霸王。唯有汉高皇帝，大殿而坐，诏其张良，附近殿前。张良闻诏，趋至殿前，拜僻礼中，叫呼万岁。汉帝谓张良曰："三军将士，受其楚痛之声。与寡人宣其口敕，号合三军，怨寡人者，任居上殿，标寡人首，送与西楚霸王！"三军闻语，哽噎悲啼，皆负戈甲，去汉王三十步地远下营。去夜至一更已尽，左先锋兵马使兼御史大夫王陵，右先锋兵马使兼御史大夫灌婴，二将商量，拟往楚家斫营。张良谓灌婴曰："凡人斫营，先辞他上命。若不辞他上命，何名为斫营！"二将当时夜半越对，呼得皇帝洽背汗流。汉帝谓二人曰："朕之无其诏命，何得夜半二人越对？"遂诏二大臣附近殿前，"莫朕无天分！一任上殿，标寡人首，送与西楚霸王亦得！"王陵奏曰："臣缘事主，争敢妒煞！臣见陛下频战频输，今夜二将，拟往楚家斫营，拟切我情。"皇帝闻奏，龙颜大悦，开库赐雕弓两张，宝箭二百只。分付与二大臣，事了早回，莫令朕之远忧。二将辞王，便任斫营处。从此一转，便是变初。……

伦敦所藏《大目乾连冥间救母变》文，我还没有看到。不过这一卷已收入《大正藏·古逸部》，矢吹庆辉的《鸣沙余韵》中也有影本，知者甚多，可以不谈。

*　　*　　*

敦煌俗文学中有一种敷衍《维摩诘经》故事的：罗叔言存有《文殊问疾》第一卷，北平图书馆存第二卷，巴黎存第二十卷。这一种不仅体裁与变文不同，其气概之雄伟，也不是变文所可仿佛；上举三卷每卷都长近万言，巴黎的第二十卷大约还不是最后一卷，全书总计当不下二十万言。在第十世纪左右，居然有用《维摩诘经》那样的一部小书搬演到二十多卷，二十余万言的一种通俗文学，这真是中国俗文学史上的一个奇迹！不仅篇幅长，文章辞句都很清丽，较之《目连变》文等，进步得多。伦敦所藏的S.4571一号也就是其中的一卷。原本裂成九段，除去七、八、九三段恐为他书外，尚存六段，共五三二行，将近万言。此卷断裂凌乱，仅三、四两段可以衔接；在全书中属于第几卷，不得而知。至于这一件的名称，究应是"唱文"，还是"唱经文"，国内时贤，议者纷纷，尚无定论，姑从"盖阙"。

* * *

伦敦所藏《季布骂阵词文》，我一共看到五卷，其中二为卷子，三为蝶装小本。S.5440一本曾收入罗叔言的《敦煌零拾》之中，《零拾》末行的"季布歌"三字，并不见于原本。又《零拾》于此篇题下注"今藏伦敦博物馆"，而篇末罗氏跋语谓系日本狩野直喜从法京图书馆录回者，当系偶尔笔误。

《季布骂阵词文》，伦敦、巴黎各有所藏，大约可以凑成一全卷。全部用七言韵语。至于何以称为词文，同后来的词话有无关系，现俱不得而知。伦敦藏S.5441一本，前后大致完整，结尾一句是"莫道词人唱不真"，大约唱这种词文的人，就称为"词人"了！

* * *

敦煌俗文学中可以称为开后来平话小说的先路的，当以S.133纸背记秋胡戏妻，和S.328记伍子胥故事的两卷为最近似。记秋胡故事的这一卷凡存一一七行，全篇记叙，除去秋胡回家见妻采桑，因为五言六句古诗调戏她的一首诗以外，别无韵语。全卷首尾残缺，存自秋胡辞母妻出外游学起，到回家见妻，妻发觉其夫即为日间采桑时以诗调戏她的人，因而大骂其夫不忠不孝为止。

记伍子胥故事的这一卷，自楚平王杀伍奢、伍尚，子胥逃亡起，至子胥为吴王所杀，越王伐吴，吴王梦见子胥为止，共存三七三行。大约前后各略有残缺。今本存一万字左右。

记秋胡故事的一种几乎全是叙事。记伍子胥故事的一种则叙事之外，夹以歌辞，今举子胥逃亡，遇打纱女子，女子邀食所唱为例：

儿家本住南阳县，二八容光如皎练；泊沙潭下照红妆，水上荷花不如面。客行由同海泛舟，博暮叛巢晨日晚；倘若不弃是卑微，愿君努力当餐饭。

至于叙事的文辞，则两种体裁大致相同。伍子胥一卷纸背有《列国传》的标目，以前我以为是原题。最近看到原本，才知道是斯坦因的书启师爷蒋孝琬加的，不足为据。

* * *

上面简目自《王梵志诗集》起至《禅门十二时曲》止，大都是所谓白话诗一类的东西。《王梵志诗集》前三卷知道的人不少，附在《季布骂阵词文》后面的卷中，似乎还少有人谈及。《百岁篇》中分《缁门百岁篇》《丈夫百岁篇》和《女人百岁篇》三篇，每十年七言绝句一首。《叹百岁诗》则自一十一咏起，至一百岁为止。今只举《叹百岁诗》中咏一百岁的两首为例：

一百终，寂寂泉台掩夜空。闭骨不知寒暑更，月明长照陇头松！一百终，坟前几树凌霜松。千秋不见娥眉态，万岁空留狐兔踪！

《下女夫词》是新妇新郎相为问答之辞。如 S.5515 一卷，有女婿至大门咏、至中门咏、至基诗、逢镖诗、至堂门咏、开撒帐合诗、去行幛诗、去扇诗、咏同牢盘、去帽惑诗、去花诗、脱衣诗、合发诗、梳头诗、系指头诗之类。今举合发诗为例：

本是楚王宫，今夜得相逢。头上盘龙结，面上贴花红。

如今西南有些地方逢到结婚的时候，还往往有来宾拥至新房中，向新人用韵语致吉利的话头，新人大方地并立即用韵语回答。和《下女夫词》的情景，还仿佛相似。

这种类似白话诗的东西当中，以《齖䶗书》为最有趣味。《齖䶗书》即是巴黎藏的《齖䶗新妇文》，写的是一种拗相公式的泼妇口吻，可惜伦敦所藏只余八行！

S.4329 一卷，前后残缺不知书名，设为学士辩才问答之辞，大致不离乎劝人为善。今举《五字教章第十一》为例：

学士问辩才曰:"五字言教,有何所能?"辩才答言:劝君须觉悟,凡事审思量。口噇嗜百味,智惠实能强。出语能方便,胜烧百和香。少言胜多语,柔耎必胜强。肚里无惭愧,何劳远送香。出语如刀切,发意似剑枪;一朝灾厄至,悔不早思量!

S.1339 纸背有《少年问老》八行,文字与《敦煌掇琐》一九所收大致不殊,只少年问在前,老翁答在后。刘半农先生的眉批是对的。

*　　*　　*

《韩朋赋》我一共看到四卷:S.2922 一卷,首尾大致完整;S.3227 只存卷首三六行;S.4901 和 S.3904 原是一卷,残余两段;前一卷存开始二七行,后一卷存中间二五行。《敦煌掇琐》一所收《韩朋赋》只到宋王得韩朋夫妇死后化为双鸳鸯落下的一毛,身为所磨粉为止,而伦敦所藏较完整的一本后面尚多出梁伯父子配在边疆的一段。韩朋夫妇的故事后来大约甚为流行,到明人作《韩朋十义记》,洋洋洒洒,可谓集传说之大成。《燕子赋》写的是燕雀相争,诉于凤凰,卒归和好的故事。伦敦所藏两卷皆不全;S.214 存后一段七五行,S.6267 存中间一段五〇行。两卷辞句,与《敦煌掇琐》三所收巴黎本间有异同《燕子赋》末一段是鸿鹤讽谏燕雀,为其所讥,因赋诗一首见志,燕雀亦赋诗答之,词云:

大鹏信徒南,鹡鸰巢一枝;逍遥各自得,何在伦敦本作况，依巴黎本改。二虿伦敦本误作重。知！

《韩朋赋》与《燕子赋》是敦煌俗文学中一种特殊的体裁，全篇大体用四言，两句一韵。至于命名为赋，是否即取敷陈其辞，质直叙事的意义，却不得而知。

* * *

《太公家教》是唐末五代流行民间的一部通俗书，开端有"太公曰"的话头，因取为书名。书末自谓"本不程于君子，意欲教于童儿"。大约是因为过于俚俗，不登大雅之堂，宋以后书遂久佚；仅明（？）人所作的《明心宝鉴》中，尚引有不少的《家教》原文。敦煌佚书发见，《家教》原本的形式，始为世人所知。伦敦所藏四卷俱不全，希望有好事的人，将伦敦、巴黎所藏会合校勘，成一完本。这不仅是九世纪至十世纪间中国的一部格言谚语汇海，当时民间的人生观——或者说实用的道德观念的轮廓，也可以从这部《家教》里反映出来。

《新集严父教》的性质，与《家教》大同小异，用五言韵语，说明教子的道理。今举第一篇为例：

> 家中所生男，常依严父教。养子切须教，逢人先作暎！礼大则须学，寻思也大好。

* * *

我在伦敦所见到的敦煌俗文学，内容大概，略如上述。所惜者自己非"敦煌学"专家，只能草率地记录一点。关于敦煌俗文学的真价，现在还不能下何种断论。说到思想方面，自然受佛教的影响最大，表现得最浓厚，如上举的《叹百岁诗》，就是一个好例。更进一步地去考察，这种俗文学的策源地，原来就是寺院。唐代的佛寺，实在是一个大市场。钱易《南部新书》曾说到长安戏场集于青龙、慈恩两寺；至于寺僧兼营高利贷的营生，不仅有现存许多文件可作证明，唐人小说杂记中也屡见不一。唐代寺院中有一种名为"俗讲"的，甚为风行。"俗讲"约略相当于宋代的说平话，此中高手以文淑法师为最有名，日本僧圆仁大师游学长安，即曾亲炙风采。据时贤考证，这种"俗讲"的"话本"，大约就是《目连变》一类的东西。敦煌所有俗文学的来源既然如此，其所表现的思想之近于佛教，那是丝毫不足为奇的。

不过从中国俗文学史的立场来看，鄙意以为敦煌发现的俗文学材料，对于中国俗文学的演进，至少有两点贡献。第一是题材方面。南宋说话人分四科，有所谓讲经说史之类。而敦煌发现的俗文学内容甚为繁复：以佛经为主题者，有《目连变》《八相变》《降魔变》，以及记维摩诘故事的长篇伟著；以历史为主题者，有《汉将王陵变》《季布骂阵词文》，以及记伍子胥故事的小说；此外取材于相沿的传说，民间的小曲者，不一而足。不仅南宋说话人的分科，在这里已具有规模，所取的材料也上自佛经史传，下至乡里琐闻，无不信手拈来，收入笔底。为宋以后写小说杂剧传奇的人，预先展开一片广漠的新土；这真不是一件可以忽略的史实！

第二是活的辞汇的收集。宋以后的俗文学，无论是就诸宫调、杂剧、传奇，或者是小说而言，其所以能别焕异彩，为中国俗文学史上创一新纪元者，自然原因甚多。据我的浅见，其中最大的一个原因，应当是由于采用一种活的语言作描写的工具。但是用活语言作描写工具，绝不是变戏法一样，可以一下从无中生出有来的，其间一定要经过相当的准备的时期：一方面作收集网罗的工夫，一方面作提炼抉择的工夫。敦煌发见的俗文学材料，正是这一种情形的表现。即就《太公家教》来说，这本算不得文学作品，但是其中所有的谚语格言，大约在宋以后的戏曲小说里边，总可以找出不少的影子来。王梵志的诗也是如此。至于《目连变》之类，有一大部分都是当时日常的语言。因为有了这种的预备工夫，搜集抉择了日常通用的辞汇，后来的小说戏曲才能取用不竭，左右逢源。所以从历史的眼光看来，敦煌俗文学的本身不仅自有其价值，即就中国俗文学史的演进而言，这一个阶段也是必不可少的。

民国二十六年一月二十九日草于英京

（见《新中华杂志》第五卷第十三号页一二三——一二八，一九三七年七月出版。）